James Long
Warum schweigt Gott?

W0231081

James Long

Warum schweigt Gott?

... wenn wir ihn am nötigsten brauchen

Aus dem Amerikanischen
von Ulrike Zellmer

Die Deutsche Bibliothek – CIP-Einheitsaufnahme

Long, James:
Warum schweigt Gott? : ... wenn wir ihn am nötigsten brauchen / James Long.
[Aus dem Amerikan. von Ulrike Zellmer]. – Moers : Brendow, 1997
Edition C , C ; 506
Einheitssacht.: Why is God silent when we need him the most? <dt>
ISBN 3-87067-700-7
NE : Edition C / C

ISBN 3-87067-700-7
Edition C, C 506
© 1997 by Brendow Verlag, D-47443 Moers
Originally published in the U.S.A. under the title »Why is God silent when we
need him the most?« Copyright © 1994 by James Long
Grand Rapids, Michigan
Einbandgestaltung: Kortüm + Georg, Agentur für Kommunikation,
Münster (Westfalen)
Satz: Convertex, Aachen
Druck und Bindung: Clausen & Bosse, Leck
Printed in Germany

Was will Gott uns sagen,
wenn er sich in Schweigen hüllt?
Warum zeigt er sich nicht
und redet unmißverständlich mit uns, wenn wir leiden?
Warum läßt er widersprüchliche Vorstellungen zu,
ohne zu erklären, wie sie zusammenpassen?
Und was verlieren wir,
wenn wir uns zu sehr bemühen, alles zu verstehen?

Für meine Frau,
der das Schweigen nicht unbekannt ist

Inhalt

Teil 3

Das Geheimnis Gottes

Und der Herr antwortete Hiob
aus dem Wettersturm und sprach:
Wer ist's, der den Ratschluß verdunkelt
mit Worten ohne Verstand?
Gürte deine Lenden wie ein Mann!
Ich will dich fragen,
lehre mich!
Wo warst du,
als ich die Erde gründete?
Sage mir's, wenn du so klug bist!

Hiob 38, 1-4

Erste Worte:
Seid still und erkennt

Vieles ist geschehen, seit ich vor ein paar Jahren angefangen habe, dieses Buch zu schreiben. Ich hätte mir zum Beispiel nicht vorstellen können, daß vor Beendigung des Buches mein Vater sowie die halberwachsene Tochter eines guten Freundes sterben würden. Ich hätte auch nicht ahnen können, daß die Gemeinde, die ich liebe und die über fünfzehn Jahre lang meine geistliche Heimat war, sich spalten würde und, während ich diese Worte schreibe, zu einer leeren Hülle dessen wird, was sie noch vor zwei Jahren war. Vielleicht wird sich auch das geändert haben, wenn Sie diese Zeilen lesen. Ich habe auch einen so persönlichen Schmerz erlitten, daß ich es noch nicht ertragen könnte, darüber zu schreiben, und das wäre jetzt auch nicht angemessen. Diese Erfahrungen waren natürlich nicht einfach. Sie haben Fragen aufgeworfen, für die ich noch nach befriedigenden Antworten suche.

Ich habe das Schweigen Gottes erlebt.

Und doch habe ich auch etwas anderes gespürt. Wie kann ich es beschreiben? Es ist eine Mischung von Freude, Hoffnung und Zuversicht. Denn obwohl ich ehrlich zugeben muß, daß ich Gottes Schweigen erlebt habe, darf ich auch nicht verschweigen, daß ich erlebt habe, wie sich dieses Schweigen verwandelt.

Es ist ein beredtes Schweigen.

Es spricht.

Mit diesem Buch habe ich mich bemüht, diesen Prozeß zu erklären. Und so reden wir über das »Schweigen Gottes«, denn es gehört zum Wesen des Lebens, seine Stimme zu ersticken. Wir sprechen über die »Stimme Gottes«, denn es gehört zum Wesen Gottes, sich zu offenbaren. Frage, Antwort. Problem, Lösung. Aber das ist nicht genug. Mein Problem und Ihres vielleicht auch setzt da ein, wo Gottes Schweigen und Gottes Wort einander widersprechen. Wo Glaube und Leben miteinander im Widerstreit liegen. Wo die Erfahrung die Schrift herausfordert. Und so werden wir uns auch mit dem »Geheimnis Gottes« beschäftigen, denn es gehört zum Wesen des Glaubens, mit dem Paradox zu leben.

Beim Schreiben wurde ich selbst überrascht, denn ich begann ein Buch über das Schweigen Gottes, und am Ende wurde daraus ein Buch über den Glauben seiner Kinder. Es handelt sich natürlich um dasselbe Buch. Was das Schweigen Gottes verwandelt und ihm eine Stimme verleiht, hat weniger mit Gott als mit uns selbst zu tun.

Die Stimme ist da.

Sie wartet darauf, gehört zu werden.

Es ist der Glaube, der unsere Ohren öffnet.

Aber wie?

Teil 1

Das Schweigen Gottes

*Es gehört zum Wesen des Lebens,
Gottes Stimme zu ersticken*

*Wenn Gottes Stimme unklar erscheint,
aus welchem Grund auch immer,
können wir selbst sein Schweigen übertönen
und die Leere füllen.
Oder wir können genau hinhören auf das,
was er uns vielleicht durch sein Schweigen
lehren will.*

Meine Gedanken sind nicht eure Gedanken,
und eure Wege sind nicht meine Wege,
spricht der Herr,
sondern so viel der Himmel höher ist als die Erde,
so sind auch meine Wege höher als eure Wege
und meine Gedanken als eure Gedanken.
Jesaja 55, 8.9

1. Schweigen:
Der Klang der Unendlichkeit

Plötzlich und unerwartet erhielt er die Nachricht. Durch Gewalt und Naturkatastrophen hatte er seinen ganzen Besitz und sogar seine Familie verloren. Während er noch versuchte, einen Sinn in diesem erschütternden Verlust zu sehen, wurde er von einer schmerzhaften Hautkrankheit befallen.

Dann kam die Zeit des Wartens.

Als er so dasaß und seine Geschwüre mit einer zerbrochenen Tonscherbe kratzte, fragte er sich: Wo ist Gott? Warum hüllt er sich in Schweigen? Wann wird er sich aufmachen und diesem Elend ein Ende setzen?

Hier handelt es sich natürlich um die Erfahrung Hiobs, wie sie uns in der Bibel berichtet wird. Die Geschichte eines unerschütterlichen Glaubens und das Geheimnis menschlichen Leidens.

Während sich das Drama entfaltet, gibt es viele Spekulationen und Mutmaßungen über die Ursache von Hiobs Unglück – die Meinungen gehen auseinander. Doch selbst in diesem Buch im Alten Testament von zweiundvierzig Kapiteln meldet sich Gott erst im achtunddreißigsten Kapitel zu Wort. Und dann läßt er die Fragen weitgehend unbeantwortet, statt dessen stellt er selbst ein paar Fragen.

Man braucht nicht lange, um das Buch zu lesen. In der Bibel, die geöffnet neben mir liegt, nimmt das Buch Hiob nur siebenunddreißig Seiten ein. Im Verlauf von ungefähr einer Stunde könnte man jeden Satz dieser Geschichte bedenken. Nachdem ich das soeben wieder getan habe, verspüre ich ein starkes Gefühl der Erleichterung, wenn Gott endlich spricht – trotz allem, was ungesagt ist, auch wenn die Fragen unbeantwortet bleiben.

In ungefähr einer Stunde habe ich die Qualen und Verwirrung miterlebt, die dieser eine Mann viele Tage lang erdulden mußte. Obwohl er an seinem Glauben an einen weisen Gott festhielt, verblieb ihm in dieser schweren Zeit kaum mehr als die Hoffnung, daß ihm sein Tod Erleichterung verschaffen würde.

Hiobs Schicksal war außergewöhnlich hart, doch seine Gefühle sind auch vielen anderen vertraut. Wir erleiden vielleicht ein ähnliches Schicksal und schlagen uns mit den gleichen Fragen herum. Wo ist Gott? Warum schweigt er? Wann wird er sich aufmachen und diesem Elend ein Ende setzen? Gott erscheint vielleicht als bloße Illusion, als eine Erfindung unserer naiven Phantasie.

Ich erinnere mich an das erste Mal, wo ich eine Luftspiegelung sah. Ich war noch ein Kind und reiste mit meiner Familie in den Sommerferien von Kalifornien nach Kansas, um dort Verwandte zu besuchen. Als wir auf der Straße 66 durch die Wüste Mojave fuhren und noch einige Meilen vom Coloradofluß entfernt waren, der die Grenze zu Arizona bildet, sah ich auf der Straße vor uns ein blaues, wässeriges Bild, der Gegenverkehr fuhr einfach durch es hindurch. Mein Vater erklärte mir, es sei eine Fata Morgana.

Sie schien ganz echt zu sein. Aber als wir näherkamen, löste sich das Bild in Luft auf.

In unserer Verletzung und Verwirrung erscheint uns Gott oft genauso: eine Illusion, die verheißungsvoll aussieht, bis uns die Not zu ihm hindrängt. Plötzlich scheint er sich aufzulösen, und wir fragen uns, wie wir je hatten so töricht sein können, diese Illusion für Realität zu halten.

Aber wäre es nicht möglich, entgegen unseren Gefühlen des Verlassenseins, daß das Gegenteil zutrifft? Da sind jene, deren

Erfahrung uns bezeugt, daß Gott das genaue Gegenteil eines Trugbildes ist. Er ist zuerst unsichtbar, doch wenn man sich ihm im Glauben nähert, merkt man, daß er existiert und wartet.

Ich muß es ausdrücklich sagen, ich fühle es zutiefst: Ich bin davon überzeugt, daß Gott gesprochen hat. Es liegt in seinem Wesen und entspricht seinem Wunsch, mit uns zu kommunizieren, und das in aller Klarheit und Deutlichkeit. Das hat zumindest Hiob so erlebt und, obwohl meine Nöte im Vergleich zu seinen belanglos sein mögen, habe auch ich diese Erfahrung gemacht.

Wir können von Gott als einer Realität im Gegensatz zu einem Trugbild sprechen – er ist wirklich da und wartet, lange, bevor wir ihn sehen oder hören. Wir können über bestürzende Erfahrungen und verwirrende Vorstellungen nachsinnen, die unseren Drang verstärken, ein klares Wort von Gott zu vernehmen. Wir können sagen, es sei logisch, nach dieser Stimme zu verlangen und unfähig zu sein, sie zu hören; er ist schließlich Gott. Doch für mich zumindest bleibt die Frage: Was bedeutet das Schweigen Gottes? Liegt es nur daran, daß wir seine Stimme nicht gehört haben, oder ist es manchmal wirklich so, daß Gott nicht gesprochen hat?

In manchen Fällen müssen wir uns zumindest der Tatsache stellen: Gott hat nichts gesagt. Wir stehen vor einem Rätsel. Fragen Sie Hiob.

Natürlich fällt es nicht schwer, sich vorzustellen, daß solche Rätsel sehr wohl jenseits unseres Begriffsvermögens liegen könnten. Aber ich bezweifle, daß es sich hier nur um eine Frage unserer begrenzten intellektuellen Fähigkeiten handelt – den Versuch, endliche Gefäße mit dem Unendlichen zu füllen. Sicher gibt es auch emotionale Bedenken. Glauben wir allen Ernstes, daß wir eine vollkommene Enthüllung der irdischen und himmlischen Gegebenheiten verkraften könnten? Gott ist offenbar nicht dieser Ansicht. Und so tappen wir weiterhin im Dunkeln.

Zwielicht ist ein passender Vergleich für unsere oft begrenzte Einsicht. Was ist Zwielicht? Die völlige Dunkelheit ist noch nicht hereingebrochen; es ist noch ein Schimmer Licht da. Doch das Licht ist zu schwach, um die Dinge deutlich erkennen zu lassen.

Die Realität erscheint als Schatten, der sich gegen das schwache Licht abhebt. Unter solchen Lichtverhältnissen setzt Ihr Vorstellungsvermögen (oder Ihr Gedächtnis) die Einzelheiten ein, die Ihr Auge nicht klar erkennen kann. Manchmal erweisen uns das Gedächtnis und unsere Vorstellungskraft gute Dienste; ein anderes Mal täuschen sie uns, und die Dinge sind nicht so, wie sie erscheinen.

So verhält es sich auch oft mit der Aufklärung, die wir so ersehnen: Wir sind in einem Zwielicht von Teilantworten gefangen. Unsere Erkenntnis befindet sich im Dämmerzustand, zwischen der vollen Erleuchtung und der Finsternis der vollkommenen Unwissenheit. Wir wissen vielleicht genug, um ein Problem zu erkennen, sogar zu erspüren, aber nicht genug, um es in seiner Tiefe zu begreifen oder gar eine Lösung zu sehen. »Wir sehen jetzt durch einen Spiegel ein dunkles Bild ... jetzt erkenne ich stückweise« (1. Korinther 13, 12).

Gott hat uns nur Teilantworten gegeben, und wir wenden uns vielleicht ab und spüren sein Schweigen. Er hat geredet, und er hat nicht geredet. Er hat uns gegeben, was er für ausreichend hielt, wir dagegen sehnen uns oft nach mehr.

Als Gott schließlich zu Hiob sprach, nach all den traumatischen Erfahrungen, die dieser Mann erlebt hatte, gab er ihm gewissermaßen eine Perspektive, aber keine vollkommene Enthüllung seines Schicksals. Es sollte nicht unerwähnt bleiben, daß Hiob, der Gott ins Gesicht sah und seine Stimme hörte, die Teilantworten in diesem Augenblick genügten. Sie reichten vielleicht nicht, um seine Fragen zu beantworten, aber sie brachten ihm Erleichterung. Wenn wir sicher sind, daß Gott sich uns voll zuwendet – wenn wir sicher sind, daß wir *Gott* haben –, sind Antworten auf unsere Fragen, so scheint es, plötzlich von zweitrangiger Bedeutung.

Doch es bleibt dabei: Gott gibt auf Hiobs Fragen nur Teilantworten. Da wir in gewisser Hinsicht dem Licht näher sind, als Hiob es war, haben wir bestimmte Informationen, wenn wir die ersten beiden Kapitel des Buches Hiob lesen (daß nämlich eine persönliche und übernatürliche böse Macht bei Hiobs Prüfung eine Rolle spielte), die Hiob offenbar dort im Zwielicht nicht hatte, selbst, nachdem die Prüfung bestanden war. Als am Ende des Buches Gott und Hiob direkt miteinander reden, wird das, was sich hinter den Kulissen abspielt, schlicht und einfach nicht erwähnt.

Aber nicht nur Hiobs Erfahrung weist darauf hin, daß Gott uns oft nur Teilantworten gibt. Nehmen wir die Schrift selbst. Wenn man sie für wahr hält, ist die Bibel das Dokument einer unglaublichen Offenbarung. Ihre tiefe Erkenntnis über das Wesen Gottes und des Lebens ist erstaunlich. Doch diese Offenbarung ist allem Anschein nach auch unvollständig. Es gibt vieles, worüber sich Gott in Schweigen hüllt, eine Tatsache, die die Bibel selbst zugesteht, wenn sie von einem kommenden Tag spricht, an dem wir erkennen werden, so wie wir erkannt sind.

Im vergangenen Herbst sind meine Familie und ich in ein neues Haus umgezogen. An einem Samstag waren den ganzen Tag lang Freunde da, um uns beim Einzug zu helfen. Wir gingen erschöpft zu Bett, wurden aber spät in der Nacht geweckt, als zwei unserer Freunde zurückkehrten und uns die Nachricht überbrachten, daß die fünfzehnjährige Tochter eines guten Freundes von einem Zug erfaßt und getötet worden war. Selbst jetzt, so viele Monate danach, wache ich immer noch gelegentlich beim Geräusch eines vorbeifahrenden Güterzuges auf, das die Stille der Nacht zerreißt, und mich erfaßt eine tiefe Traurigkeit. Während ich dies schreibe, hätte Valerie heute ihren sechzehnten Geburtstag gefeiert. Ihre Mutter wird heute zum Abendessen zu uns kommen, und wir werden als Freunde den Abend zusammen verbringen. Aber auf die immer noch offenen Fragen werden wir keine befriedigenden Antworten haben.

Meine Frau und ich waren heute an Valeries Grab. Wir wollten dort einen mit Gas gefüllten Ballon aus Goldfolie anbringen, als schlichtes Zeichen für die hinterbliebenen Familienmitglieder und Freunde: Wir denken an sie, und ihr Schicksal geht uns nahe. Als ich mich über den Grabstein beugte, fiel mir die Inschrift ins Auge. Valeries Mutter hatte sie ganz bewußt so ausgewählt. Sie lautete ganz schlicht:

SICHER IN DEN ARMEN JESU

Wir haben nicht auf alle unsere Fragen eine Antwort bekommen. Der Schmerz ist noch da. Doch wo verständlicherweise Bitterkeit sein könnte, steht statt dessen ein freimütiges und deutliches Bekenntnis des Glaubens. Denken Sie einmal an die schrecklichen letzten Sekunden von Valeries Leben, und lesen Sie dann noch einmal die Inschrift. Valerie geht es gut; sie wird von starken, liebevollen Armen gehalten.

Was bringt eine alleinerziehende Mutter, die den Verlust ihrer Tochter betrauert, dazu, Gott gegenüber ihr dankbares Vertrauen auszudrücken, selbst wenn er nicht alle ihre Fragen beantwortet hat? Sie weiß mit Sicherheit, daß er geredet hat. Was sie von dieser Stimme in der Vergangenheit – und jetzt – gehört hat, wiegt schwerer als das, was sie noch nicht gehört hat.

Ich befand mich gerade in einem Hotel, wo ich eine organisatorische Tagung für mein Büro leitete, als ich erfuhr, daß mein Vater gestorben war. Wir machten gerade eine Pause, und ich sprach mit einem Freund und Kollegen im Korridor vor unserem Konferenzzimmer. Harold Myra, der Präsident meiner Gesellschaft, kam auf mich zu und überbrachte mir sehr einfühlsam die Nachricht, dann legte er die Arme um mich, als mir die Tränen kamen.

Ich ging auf mein Zimmer, um meine Mutter und meine Frau anzurufen und alles für die Abreise vorzubereiten. In der Stille dieses Zimmers kam mir plötzlich alles, was ich von Gott gehört und geglaubt hatte, wieder in den Sinn. Gott beantwortete nicht meine Fragen – zweifellos werden später noch mehr kommen –, aber ich hatte das Gefühl, als sei er mir dort in diesem Zimmer ganz nahe.

Später an diesem Abend, als ich mich auf dem vierstündigen Flug nach Kalifornien befand, fragte ich mich nach dem Grund. Warum schien Gott mir nahe zu sein, trotz dieses Rätsels, der Betäubung und des Schmerzes? Gott schien mir nahe, er gab mir Kraft, als ich ihn brauchte, dort und später, wie er es in der Vergangenheit getan hatte, weil ich davon überzeugt war, daß er zuvor schon zu mir geredet hatte. Gott hatte sich mir schon früher als fürsorglich und einfühlsam gezeigt, selbst wenn die jetzige Leere mir kalt und bedrückend erschien.

Wenn Gott zu uns spricht, geschieht das mit voller Absicht. Sollte er nicht auch mit voller Absicht schweigen? Oder, um wieder auf das Bild der Lichtverhältnisse zurückzukommen: Gott wird als »Licht« bezeichnet, aber manchmal müssen wir ihm im Dunkeln vertrauen. Oder er erhellt uns die Dinge nur so weit, wie es ihm angemessen erscheint, damit wir uns von der aufkommenden Dunkelheit und ihren unsichtbaren Gefahren abwenden und unseren Blick dahin richten, wo wir seine Gegenwart vermuten.

Hier ist das Geheimnis von Gottes Erleuchtung: *Manchmal lernen wir am meisten, wenn wir zuerst in der Dunkelheit nach ihm suchen.*

Hier ist das Geheimnis der Stimme Gottes: *Manchmal redet er durch sein Schweigen.* Offenbar hält Gott es für möglich, daß manchmal durch sein Schweigen eine Botschaft eindringlicher bei uns ankommt als durch Worte. Das Schweigen Gottes kann sehr beredt sein.

Wenn Gott absichtlich schweigt, wenn er uns ganz bewußt im Unklaren läßt, geschieht es sicher zu unserem eigenen Schaden, wenn wir sein Reden vortäuschen oder bitter werden, weil er sich uns nur teilweise offenbart. Können wir also, mitten im Schweigen Gottes, hören, was er uns zu sagen hat?

O Land, Land, Land, höre des Herrn Wort!
Jeremia 22, 29

Aber das Wort der Predigt half jenen nichts, weil sie
nicht glaubten, als sie es hörten.
Hebräer 4, 2

2. Ablenkung:
Wenn das Leben Gottes Stimme übertönt

Wenn Gott geredet hat, wenn er ein Gespräch mit uns begonnen hat, warum erleben wir häufiger die Gesprächspausen als das tatsächliche Gespräch?

Was versucht Gott uns mitzuteilen, wenn er sich ausschweigt? Warum hält er sich im Verborgenen, statt deutlich mit uns zu reden, wenn es uns schlecht geht?

Ist es angesichts unserer verwirrenden Erfahrungen nicht sogar töricht anzunehmen, daß Gott geredet hat? Daß es seinem Wesen entspricht, sich zu offenbaren? Wie sollen wir mit dem unangenehmen und ungelegenen Schweigen Gottes umgehen, das alles zu überlagern scheint, was er jemals zu uns gesagt hat?

Zunächst müssen wir ganz ehrlich sein. Kommunikation ist immer zweiseitig. Einer sendet, der andere empfängt. Wenn die Botschaft nicht ankommt, könnten wir den Sender dafür verantwortlich machen, aber die Ehrlichkeit und Einsicht erfordern, daß wir auch einen Blick auf den Empfänger werfen.

Ich hatte einmal einen Freund, der extrem geistesabwesend war. Ich habe mehr als einmal beobachtet, wie er, ohne es zu merken, ein Gespräch mitten im Satz abbrach, um gleich darauf ein anderes Gespräch mit jemand anderem zu beginnen, der gerade das Zimmer betreten hatte. Normalerweise würden wir ein solches Verhalten als äußerst unhöflich bezeichnen, aber er hatte keine böse Absicht, er war ganz einfach zerstreut.

Aber kann jemand sich wirklich so leicht ablenken lassen? So sehr in seiner eigenen Welt gefangen sein? Eine Fahrt mit meinem Freund in seinem alten Datsun beseitigte jeglichen Zweifel. Wir stiegen beide ein, dann steckte er, als ich mich angeschnallt hatte, den Zündschlüssel ins Schloß. Sein Sitzgurt ließ ein unangenehmes Warnsignal ertönen. Aber mein Freund machte keine Anstalten, sich anzuschnallen. Er ließ den Wagen an, und wir bewegten uns aus der Parklücke. Heutzutage hört das Alarmsignal einfach auf, wenn man ihm keine Beachtung schenkt. Nicht so im Datsun meines Freundes. Das war weitaus hartnäckiger. Wenn man sich nicht anschnallte, summte es hartnäckig weiter. An diesem Morgen sagte ich nichts, und mein Freund ließ durch nichts erkennen, daß er den Ton überhaupt gehört hatte.

Wie sehr gleichen wir manchmal meinem Freund! Wir sind so abgelenkt – von was? Unseren Sorgen, unserem Wohlergehen, unserer menschlichen Begrenzung – daß die Stimme Gottes das Letzte ist, an das wir denken. Wir vernehmen nur ein schwaches, andauerndes Summen irgendwo in weiter Ferne, und wir fragen uns, was es damit auf sich hat und wann es endlich aufhört und uns in Ruhe läßt. Ironischerweise ist das oft genau der warnende Summton, den wir hören müssen, ja sogar hören wollen.

Es gehört zum Wesen Gottes, sich zu offenbaren, aber es gehört auch zum Wesen des Lebens auf diesem Planeten, die Stimme Gottes zu ersticken. Aber was genau ist es, daß seine Stimme zu übertönen droht?

Es ist der Mißklang des Leidens. Gott scheint zu schweigen, wenn das Leben selbst die Vorstellung von einem guten Gott zu widerlegen scheint. Wenn er mächtig ist und gut, ist er uns doch scheinbar eine Erklärung schuldig. Doch so sehr wir uns auch anstrengen, seine Stimme zu hören, bekommen wir scheinbar nur ein Schweigen als Antwort. Angesichts unserer tiefen und beunruhigten Fragen bleibt seine Stimme bedrückend still. Warum erreichen uns seine Antworten nur so schwach und entstellt, während wir danach verlangen, daß er sich über uns beugt und uns liebevoll ins Ohr flüstert? Der Mißklang des Leidens scheint also die Stimme Gottes zu übertönen.

Es ist die Festmusik eines glücklichen Lebens. Das Schweigen Gottes erleben wir nicht nur, wenn lautes Leiden seine Stimme niederschreit. Unsere guten Zeiten sind ebenfalls ungestüm. Vielleicht noch mehr. Wenn wir leiden, merken wir zumindest, daß etwas nicht stimmt. Wenn wir uns nach Hilfe umsehen, kommt es uns vielleicht in den Sinn, unser Hörvermögen zu überprüfen. Wir hören in unserer Niedergeschlagenheit vielleicht sogar genauer hin und machen dabei die Entdeckung, daß Gott nicht so stumm ist, wie wir zuerst dachten. Aber gute Zeiten kommen uns nicht so entgegen. Sie lullen uns ein, und es kommt zu einer Störung des Hörvermögens. Unsere Konzentration ist so nach innen, auf uns selbst gerichtet, daß es uns womöglich nie in den Sinn kommt, die Musik leiser zu stellen und das Fest abzublasen. Wir schaffen es vielleicht nie, die Stille zu erzeugen, die so notwendig ist, wenn wir wirklich die Stimme Gottes hören wollen. Und die Festmusik unserer guten Zeiten übertönt seine Stimme.

Es ist die atmosphärische Störung der Meinungen. Gott erscheint schweigsam, wenn so viele auf irreführende und zerstörerische Weise für ihn – oder vielmehr für sich selbst – sprechen. Das Interessante an diesen atmosphärischen Störungen ist, daß wir sie oft mit dem echten Signal vermischt hören. Wegen all dieser Störungen ist es schwer, das, was gesendet wird, zu empfangen oder zu entschlüsseln. Bei Meinungen und Vorstellungen gilt oft das gleiche. Sie verschleiern das göttliche Signal in dem Zischen und Knistern menschlicher Ideen. Die atmosphärische Störung kommt nicht immer von anderen – widersprüchliche Signale, die um unsere Aufmerksamkeit und Hingabe kämpfen. Manchmal liegt der Fehler einzig und allein bei uns. Wir finden die Botschaft unangenehm. Manchmal wissen wir, daß Gott geredet hat, aber wir weigern uns, auf ihn zu hören. Uns gefällt nicht, was er gesagt hat. Wir tun uns schwer, es zu glauben. Wie könnten wir in seine Forderung einwilligen oder an seinen Maßstab heranreichen? Und wir tun etwas ganz Subtiles, unbewußt vielleicht, aber doch etwas, das eindeutig unehrlich ist. Wir kommen zu dem Schluß, daß Gott schweigt, und die Stimme Gottes wird durch die atmosphärische Störung der Meinungen übertönt.

Es ist unsere Interesselosigkeit. Manchmal hören wir die Stimme Gottes nicht, weil wir so nachlässig oder gleichgültig sind oder so wenig Erfahrung und Ausdauer im Hören haben. Wir akzeptieren die Bibel vielleicht sogar als Wort Gottes, und es ist uns bewußt, daß wir nur dieses eine Leben haben, um das, was sein Wort uns mitteilt, zu tun, und doch beachten wir es nicht. Wir greifen nach dem Fernen und stellen uns auf eine andere Idee oder Philosophie, Vergnügung oder Ablenkung ein.

Manchmal sind wir uns bewußt, daß Gott geredet hat; auf einer bestimmten Ebene zumindest, wir haben sogar die Stimme vernommen. Aber wir haben noch nicht in die Tat umgesetzt, was Gott in unsere persönlichen, verwirrenden Lebensumstände hineingesprochen hat. Gott hat geredet, aber wir haben dieses Gespräch nicht zu unserer Sache gemacht. Wir haben das, was Gott im allgemeinen gesagt hat, nicht auf unsere Situation bezogen. Wir kommen daher zu dem Schluß, daß er gar nicht gesprochen hat, zumindest nicht zu uns. Unsere Ablenkbarkeit und unsere Neigungen haben uns eingeholt und die Stimme übertönt.

Es ist die Taubheit der menschlichen Grenzen. Es liegt so klar auf der Hand, daß es leicht übersehen wird, aber wir müssen uns anstrengen, die Stimme Gottes zu hören, weil wir an unsere menschlichen Grenzen gelangen. Gottes Stimme sendet Schwingungen aus, für deren Empfang wir nur schlecht ausgerüstet sind, es ist fast, als hätten wir keine Ohren zu hören. Wir erfassen ganz einfach nicht alles, was wir wissen möchten. Wir sind schließlich endliche Gefäße, die sich danach sehnen, mit Unendlichkeit gefüllt zu werden. So erscheint uns Gott stumm, manchmal, wenn wir uns am stärksten nach einem klaren Wort von ihm sehnen. Unsere Unfähigkeit zu hören, erstickt zumindest in manchen Fällen seine Stimme.

Leiden, Glück, Meinungen, Interesselosigkeit, die menschlichen Grenzen – all das erklärt vielleicht das Schweigen Gottes. Es ist zumindest teilweise eine Erklärung dafür. Ablenkbarkeit und Unfähigkeit können Gottes Stimme übertönen. Aber sein Schweigen ist doch noch geheimnisvoller.

Ich will zunichte machen die Weisheit der Weisen,
und den Verstand der Verständigen will ich verwerfen
... Denn die Torheit Gottes ist weiser, als die Men-
schen sind, und die Schwachheit Gottes ist stärker,
als die Menschen sind.
1. Korinther 1, 19.25

3. Unvereinbarkeit:
Widersprüchliche Stimmen

Im vergangenen Jahr war es nicht gerade angenehm, ein Mitglied meiner Gemeinde zu sein. Vor ein oder zwei Jahren gab es vielleicht ein wenig Unzufriedenheit, aber ich schätze, daß siebzig Prozent der Gemeinde sich nicht bewußt waren, daß sich ein großes Problem zusammenbraute. Ende Dezember wurde der Riß breiter. Einen Monat später, bei der Jahresversammlung, glich die Gemeinde einem Kriegsschauplatz. Trotz Vermittlungsversuchen von außen verschlechterte sich die Lage seither zusehends. Unerwiesene Behauptungen, Angriffe und Gegenangriffe haben die Gemeinde gebeutelt, bis die Abwanderung von Gemeindegliedern, die Monate zuvor ganz allmählich begonnen hatte, nun ganz massiv einsetzte.

Nicht, daß es unter Christen Meinungsverschiedenheiten gibt, ist an der Sache bemerkenswert; das ist ja leider schon an der Tagesordnung. Es ist die Tatsache, daß das Drama des Konflikts sich in einer Gemeinde abspielt, die einmal als so stabil galt. Es geschieht häufig, daß sich Kirchen und Konfessionen wegen Lehrfragen spalten, die für sie von schwerwiegender Tragweite sind. Aber ich habe Sonntag für Sonntag beobachtet, wie sich diese Gemeinde im Zeitlupentempo spaltete, und zwar wegen Personalfragen, Führungsstil und mangelndem Einfühlungsvermögen gegenüber leidgeprüften Menschen. Die Gemeinde war schlicht und einfach nicht in der Lage, sich über die Bedeutung der Vergebung und die Voraussetzungen für Leitungsaufgaben in dieser Situation zu verständigen. Die Gemeinde scheint nun an einem toten Punkt angelangt zu sein. Positive Lösungen haben sich in enttäuschende und peinliche Pläne verwandelt, die zum Scheitern verurteilt sind, und das vor den Augen der ungläubigen Nachbarschaft.

Wir könnten fragen: Was ist hier schiefgelaufen? Warum können diese Christen sich nicht einigen? Aber die Erfahrung hat mich wieder einmal gelehrt, daß Gott sich scheinbar oft in bestürzender Weise fernhält, wenn es um unsere Uneinigkeit geht.

Auf den ersten Blick scheint Gott die Leitung seiner Gemeinde nicht in der Hand zu haben. Die Entscheidungen über Lehrfragen und Glaubenspraxis scheinen ganz und gar in die Hände von Menschen gelegt zu sein, die mit diesen Dingen völlig überfordert sind. Doch beide Seiten in diesem Gemeindekonflikt und vielen anderen – in der Vergangenheit, der Gegenwart und zweifellos in der Zukunft – nehmen für sich in Anspruch, derselben Stimme Gottes gehorsam zu sein. Wie kann Gott uns schwachen Menschen sein Wort und sein Werk auf eine Weise anvertrauen, daß er es zuläßt, daß wir ihn und einander so völlig verraten?

In diesem Jahr habe ich mich einmal von diesem Gemeindekonflikt und von den regulären Verpflichtungen meiner Arbeit losgemacht, um an einem Seminar in Osteuropa mitzuarbeiten. Wir wollten aufkeimende verlegerische Aktivitäten unterstützen, die in den ehemaligen Ostblockländern Material für Jugendarbeit herausbringen wollten.

Wie ein Großteil der Welt stand ich staunend vor dem Zusammenbruch des siebzigjährigen Experiments des Kommunismus und dem Aufkommen neuer Freiheiten. Leider hat, wie wir alle wissen, der Zusammenbruch des kommunistischen Systems keineswegs den Auseinandersetzungen und dem Leiden ein Ende bereitet. Wirtschaftliches Chaos und das Klima von Nationalismus und ethnischen Unruhen sind tägliche Themen für Nachrichtensendungen.

Ich hörte mit großem Interesse die Äußerung einer kroatischen Christin, die ihr Bedauern darüber ausdrückte, daß Christen nicht mehr taten, um ihre neuen Möglichkeiten zu nutzen. Sie sprach von der Tendenz, sich herauszuhalten oder sogar eine kritische Haltung gegenüber anderen Christen einzunehmen, in einer Zeit, da Liebe, Toleranz und Mitleid uns leiten – und verbinden – sollten.

»Der Kommunismus hatte auch sein Gutes«, meinte sie. »Er errichtete eine Art Schutzwall um uns herum, und wir konnten uns in aller Ruhe zurücklehnen. Denn es gab nichts anderes zu tun. Und der Westen brachte uns soviel Sympathie entgegen. Jetzt ist der Schutzwall entfernt worden, und wir sitzen immer noch hier und bewerfen einander mit Steinen.«

Wohl zeigten sich die Teilnehmer unseres Seminars kooperativ, doch hörte ich mehr als einmal, daß die verschiedenen Konfessionen nur sehr widerstrebend zur Zusammenarbeit bereit waren. Mir wurde dabei wieder vor Augen geführt, daß wir uns, ganz gleich, wo wir wohnen, und unabhängig von all dem, was uns verbinden sollte, in unserem Gespaltensein viel wohler zu fühlen scheinen.

Ich habe keinen Zweifel an der Lauterkeit, die zu unseren unterschiedlichen Auffassungen führt. Vielleicht ist unsere Lauterkeit der springende Punkt. Wir halten so hartnäckig an unseren voneinander abweichenden Meinungen fest, weil wir aus aufrichtigen Motiven zu ihnen gelangt sind. Wir beginnen mit unserem Schriftverständnis und enden bei extrem abweichenden Standpunkten, und wir tun uns schwer, unser Augenmerk auf die Faktoren zu richten, die uns verbinden würden.

Meine Erlebnisse in Europa rückten die Auseinandersetzungen meiner Ortsgemeinde in die richtige Perspektive. Konflikte und Widersprüche sind weltweit allzuoft an der Tagesordnung, ob es sich nun um Lehrfragen, Kirchenpolitik oder persönliche Frömmigkeit handelt. Man reiche uns die Bibel, ein Buch, das uns verbinden sollte, und wir werden in aller Aufrichtigkeit Themen finden, die uns zersplittern und voneinander trennen.

Liegt das Problem also allein bei uns? Hätte Gott sich nicht klarer ausdrücken können, oder könnte er jetzt nicht eingreifen und uns zur Einheit führen, damit wir bereitwilliger vor den Augen einer kritischen Welt Einträchtigkeit demonstrieren?

Leider ist das Muster der unterschiedlichen Interpretation, das zu unterschiedlichen Lehrmeinungen führt, ein Muster, das eine Geschichte hat. Überdenken Sie einmal folgende kirchenspaltenden Fragen:

Erwählt Gott bestimmte Personen und schenkt ihnen die Erlösung? Oder wählen die Menschen ihren eigenen Weg ins Reich Gottes?

Wurde einmal eine Entscheidung für Gott (oder von Gott) getroffen, sind diese Gläubigen dann für alle Zeiten vor dem geistlichen Abfall sicher? Oder können Christen durch Sünde ihre Erlösung verlieren?

Sind Frauen so »gleichgestellt«, daß sie Leitungsaufgaben, auch über Männer, wahrnehmen können? Oder gibt es eine göttliche Ordnung, die eine männliche Führung vorschreibt?

Wirken Gott und seine Gemeinde immer noch regelmäßig Wunder, die aller Logik und Vernunft trotzen? Oder waren solche Wunderzeichen nur einer bestimmten und begrenzten Zeit in der Kirchengeschichte vorbehalten, um den Anspruch der Kirchenväter als echt zu erweisen?

Christen streiten sich darüber, was es bedeutet, Jesus »Herr« zu nennen, wann und unter welchen Umständen Christus auf die Erde zurückkehrt, und ob geschiedene und wiederverheiratete Geistliche Leitungsaufgaben übernehmen können.

Menschen, die sich Christen nennen, haben ganz unterschiedliche Auffassungen darüber, wie sie homosexuelle Beziehungen und die Homosexualität überhaupt bewerten sollen.

Christen können sich nicht einigen, wie eine Gemeinde am besten geleitet werden sollte, und sie streiten darüber, wie stark sich die Kirche in gesellschaftspolitische Probleme einmischen soll.

Kirchen haben sich gespalten über der Frage, wie viele Sakramente es gibt und wie man sie einsetzen soll.

Wir haben uns über der Frage gespalten, wer die Autorität in der Kirche hat, welche Stelle der Tradition zukommt und welche Rolle der Heilige Geist im Leben einer Gemeinde spielt.

Die Liste ist praktisch endlos – so lang wie die Kirchengeschichte selbst. Diese Meinungsverschiedenheiten sind wichtig, weil all diese Christen sich auf dasselbe Dokument berufen, das ihnen als Quelle der Autorität dient. Man sollte meinen, Gott hätte sich in wesentlichen Glaubensfragen verständlich ausdrükken können, auf eine Weise, die nicht so viele Möglichkeiten zur Interpretation offenläßt.

Was ist also schiefgelaufen? Warum gehen die Ansichten über scheinbar fundamentale Glaubensfragen so weit auseinander? Liegt das nur an unserem begrenzten Verständnis? Unserer Neigung für kleinliches Gezänk? Unserem Widerwillen, vorgefaßte Meinungen beiseitezulegen und die offenkundige Wahrheit zu lesen?

Oder beschäftigen wir uns zu sehr mit Dingen, die für Gott so wenig Gewicht haben, daß er sich nicht die Mühe machte, darüber eindeutige Aussagen zu machen oder sie überhaupt zu erwähnen? Wie kommt es, daß der Kirchturm sich so leicht in den Turm von Babel verwandelt – diesem Ort ungehemmten Ehrgeizes und verworrener, miteinander wetteifernder Stimmen?

Das sind äußerst beunruhigende Fragen, die aus dem Schweigen Gottes erwachsen und aus unserer Sehnsucht, diese Stille mit eigenen Worten zu füllen. Wie sollen wir schließlich mit den Widersinnigkeiten und Unklarheiten der Bibel leben? Sollen wir sie einfach ignorieren? Oder uns mit ihnen auseinandersetzen? Solche Frustration drückt sich, wie ich eben ausgeführt habe, oft in kirchlichen Konflikten aus.

Ja, in diesem Bereich der Lehrfragen gibt es vieles, über das Gott sich ausgeschwiegen hat, als würde er lieber unseren Auseinandersetzungen zuhören als selbst an ihnen teilhaben. Oder vielleicht können wir es uns so vorstellen, daß er beide Seiten vertritt und dann zurücktritt und unsere theologischen Feuerwerke beobachtet.

In jedem Fall hätte er uns einen eindeutigen, wohlformulierten theologischen Text hinterlassen können, wenn er das gewollt hätte. Wir müssen uns mit der Tatsache abfinden, daß er es nicht getan hat und uns fragen: Warum?

Und wir müssen auch diese Frage stellen: Was verlieren wir, wenn wir uns zu sehr bemühen, die Leere für einen Gott auszufüllen, der es vorgezogen hat, über manche Dinge zu schweigen – oder uns zumindest im Unklaren zu lassen –, statt sie uns vollkommen zu offenbaren?

Wir verlieren natürlich unsere Einheit. Aber was werden wir noch verlieren? Die volle Wucht der Stimme Gottes selbst?

Verstehen Sie, warum es mich so sehr danach verlangt, die Stimme Gottes zu hören – klar und eindeutig zu hören –, während wir im Morast von Streit und Widerspruch versinken?

Und doch erscheint Gottes Schweigen in bezug auf unsere theologischen Fragen fast leicht zu ertragen, verglichen mit den Rätseln, vor denen wir stehen, wenn Leid und Kummer uns erdrücken, und wir uns deshalb nach einem klaren Wort von Gott sehnen.

O welch eine Tiefe des Reichtums, beides, der Weis-
heit und der Erkenntnis Gottes! Wie unbegreiflich
sind seine Gerichte und unerforschlich seine Wege!
Denn wer hat des Herrn Sinn erkannt, oder wer ist
sein Ratgeber gewesen?
Römer 11, 33.34

4. Rätsel:
Eine geflüsterte Absicht

Sie kam, wie eine schlechte Nachricht oft überbracht wird – mit einem überraschenden Anruf. Die Stimme am anderen Ende war keineswegs hysterisch, in meinem Schock erschien sie mir beinahe gleichgültig. Ein Mitarbeiter des Gemeindefürsorgedienstes teilte mir mit, daß Carl und Sarah tot waren. Bevor ich mein seelisches Gleichgewicht erlangt hatte, fügte er hinzu: »Es war Mord und Selbstmord.«

Ich war wie betäubt. Carl und Sarah waren nicht nur Glieder unserer Gemeinde, sie waren gute Freunde. Für unsere Söhne waren sie Großelternersatz, da unsere Familien zweitausend Meilen weit weg wohnten. Wir hatten miteinander gegessen, gemeinsam Urlaub gemacht und in der Gemeinde zusammengearbeitet.

Mir stellte sich sofort die Frage: »Wie werde ich das je meiner Familie erklären können?« Ich wußte, ich mußte es ihnen sofort sagen. Ein Fernsehteam war bereits im Haus von Sarah und Carl gewesen; die Katastrophe würde in den Abendnachrichten gesendet werden und morgen in der Zeitung stehen. Und mein ältester Sohn, der auf der Highschool war, schaute auf dem Heimweg von der Schule oft bei ihnen herein.

Ich machte mir auch Sorgen wegen der Lebensgeschichte unserer beiden Söhne. Unsere Familie war für beide die vierte Familie, in der sie aufwuchsen; ihre ersten Jahre waren traumatisch gewesen, und sie schienen Verluste nur schwer verkraften zu können. Ich hatte mich oft gefragt, warum es auf dieser Welt eine solche Not gab, die diese Jungen ertragen mußten, bevor sie überhaupt alt genug waren, um zu begreifen, warum sie sich verwirrt und verletzt fühlten. Jeder väterliche Instinkt in mir drängte mich dazu, sie vor dieser Tragödie zu schützen, aber wie war das möglich?

Ich verließ meine Arbeitsstelle, gleich, nachdem ich den Anruf erhalten hatte, und überbrachte die Nachricht meiner Frau, die verständlicherweise völlig erschüttert war. Später versuchte ich zögernd, den Jungen zu erklären, was vorgefallen war. Sie waren von Kummer überwältigt und bestürzt. Unsere Söhne fragten: »Warum?«, und was konnte ich darauf erwidern? Oben in seinem Zimmer schluchzte der ältere in meinen Armen: »Sie haben gesagt, meinen Geburtstag feiern wir als nächsten.« Wir hatten den Geburtstag meines jüngeren Sohnes gemeinsam mit Carl und Sarah im Januar gefeiert, meinen Geburtstag im Februar, den meiner Frau im März. Jetzt war April, und sie waren tot, fünf Monate vor der versprochenen vierten Feier. Viele Monate lang sagte mein Sohn zu den merkwürdigsten Zeiten oft ganz unvermittelt: »Ich verstehe einfach nicht, wie ein Mann seine Frau umbringen kann.«

Dies ist kein Buch zum Thema Leid, aber ich schreibe über diese Erfahrung, weil sie entscheidend zu meinem Wunsch beigetragen hat, Gott zu verstehen und meiner Neigung »für ihn zu sprechen«. Können Sie mit mir die Grenzen der menschlichen Erklärungsmöglichkeiten nachvollziehen und die Grenzen der göttlichen Information? Was hätten Sie meinen Söhnen erklärt? Oder meiner Frau? Oder mir?

Vielleicht war Carl gar kein Christ? Vielleicht hat er den Verstand verloren und konnte den Druck nicht mehr ertragen, unter dem er, wie wir heute wissen, gestanden hat? Oder wir werden philosophisch und sprechen von der gefallenen Welt, in der wir leben, davon, daß Gott Dinge zuläßt, die nicht eigentlich seinem Willen entsprechen. Ich kann Ihnen nur sagen, daß ich keine adäquaten Antworten gehört habe, und mir selbst sind auch keine eingefallen.

Wenn unser Vorrat an logischen Erklärungen und einschlägigen Schriftstellen erschöpft ist, was bleibt uns dann noch? Eine befriedigende Erklärung? Oder ein noch immer verwirrendes Rätsel? Die Geheimnisse um Leiden und Tod sprechen eine beredte Sprache: Wir müssen mit einem so begrenzten Verständnis leben.

Vor drei Monaten haben wir meinen Vater beerdigt, der zwölf Jahre lang Veteran der Marine war. Ja, in mir waren tiefe und verwirrende Gefühle, als das Signal erklang, der Salut abgeschossen wurde, die Flagge vom Sarg genommen, feierlich zusammengelegt und meiner Mutter überreicht wurde. Und diese Endgültigkeit! Nachdem die Freunde den Friedhof verlassen hatten, stand ich noch einen Moment neben dem Leichenwagen, während der Körper meines Vaters in die Gruft gesenkt wurde, und mir wurde bewußt, daß so viele ungelöste Fragen ohne Antwort bleiben würden; ungesprochene Worte würden ungesprochen bleiben – oder zumindest ungehört.

Gott hat gesprochen. Es gibt unzählige einschlägige Bibelstellen. Ich vertraue ihm, und ich liebe ihn. Aber ich bekomme schon keine Antworten mehr, lange, bevor ich meine letzte Frage gestellt habe.

Vor ein paar Jahren saß ich mit einem Freund zusammen, und er beschrieb mir den Schmerz über die Krankheit seiner kleinen Tochter. Zu der Zeit versuchte er noch, die Ausmaße ihrer seltenen Erkrankung zu erfassen. Würde sie jemals laufen oder reden oder sehen oder lächeln können? Würde sie am Leben bleiben? Jede weitere Eröffnung der Ärzte brachte neues Herzeleid und Verwirrung. Aber ein Großteil seines Schmerzes, so sagte er mir, war auf mangelnde Information zurückzuführen. Wenn er nur das Schlimmste wüßte, könnte er sich vielleicht darauf einstellen und eine Möglichkeit finden, damit umzugehen. Statt dessen fühlte er den Schmerz der Ungewißheit, den er folgendermaßen beschrieb:

Man springt oder fällt ins Wasser und ist erstaunt, wie tief es ist. Das Wasser schlägt einem über dem Kopf zusammen, und man ist desorientiert, während man versucht, die Tiefe abzuschätzen. Wenn

man gerade so den Grund berührt, kann man sich vielleicht absto-
ßen und sich an die Wasseroberfläche hochkämpfen, um nach Luft
zu schnappen. Aber was, wenn man den Grund nicht findet? Dann
gerät man in große Panik.

Mein Freund hatte noch nicht den Grund seines Schmerzes gefunden, und er kämpfte darum, sein inneres Gleichgewicht wiederzugewinnen. Die Ärzte waren noch nicht in der Lage, ihm zu sagen, wie schlimm es wirklich um seine Tochter stand, und die unvollständige Information war erdrückend. Jeder neue Test, jeder neue Arztbesuch brachte weitere schlechte Nachrichten mit sich.

Seither stand er am Grab nicht eines, sondern zweier seiner Kinder.

In seinem Ringen mit unvollständiger Information steht er nicht allein. Unser Leben gleicht oft einem Labyrinth qualvoller Fragen und Teilantworten. Und wenn Gott auch zu schweigen scheint, wäre es doch töricht, alleine, ohne ihn, unseren Weg finden zu wollen.

Gottes Stimme ist mir wichtig, und ich möchte sein Schweigen verstehen, weil ich sonst dem Leben keinen Sinn abgewinnen kann. Ich könnte Gott gegenüber gleichgültig bleiben und unabhängig von ihm mein Leben führen, wäre das Leben nicht so schmerzlich und kompliziert. Statt dessen mache ich Erfahrungen, die in mir den Wunsch wecken, seine Sicht der Dinge zu erfahren. Was ich höre, ist unvollständig, die Erklärungen erschreckend unzulänglich. Wenn ich meine Erfahrungen mit Gottes Offenbarung vergleiche, bin ich enttäuscht, was mir alles verborgen bleibt.

Gott hat mir vielleicht in großen Zügen seine Absicht dargestellt, aber genau so erscheint es mir: Wie eine Skizze – ein grober Entwurf, nicht wie ein vollendetes Kunstwerk. Und so wünschte ich mir ein Gespräch mit dem Künstler. Ich warte, aber ich vernehme so oft nur sein Schweigen, und ich möchte unbedingt verstehen, was es bedeutet.

Was kein Auge gesehen hat und kein Ohr gehört hat
und in keines Menschen Herz gekommen ist, was
Gott bereitet hat denen, die ihn lieben.
Uns aber hat es Gott offenbart durch seinen Geist.
1. Korinther 2, 9.10

5. Sprache:
Das Transzendente übersetzen

Ich habe Larry gekannt, seit er das College besucht hat. Ich habe sein Studium mitverfolgt, seine Spezialisierung auf Linguistik, seine Eheschließung und seinen Entschluß, nach Afrika zu gehen. Er wollte sein Leben mit Bibelübersetzung und Alphabetisierungsarbeit verbringen. Durch ihn habe ich etwas von der Disziplin des Zuhörens verstanden.

Larry und andere, die einer ähnlichen Arbeit nachgehen, haben die Absicht, in eine Gegend zu ziehen, in der die Menschen noch keine Bibel in ihrer eigenen Sprache haben. Wenn er einmal dort ist, ist es sein langfristiges Ziel, die Bibel in diese Sprache zu übersetzen. Aber die erste Aufgabe besteht natürlich darin, die Sprache zu lernen, ein langatmiger, aber faszinierender Prozeß, der darin besteht, Vokabeln zu sammeln und durch sorgfältige Beobachtung und aufmerksames Zuhören die Struktur der Sprache zu verstehen.

Man muß seine Aufmerksamkeit auf jede Kleinigkeit richten, um zu bestimmen, nicht nur, welche Worte wann benutzt werden, sondern auch, wie jeder einzelne Laut gebildet wird. Man hat Sprachwissenschaft studiert, und jetzt stellt man fest, welche Laute durch leicht geöffnete Lippen oder mit der Zunge am oberen Gaumen oder mit dem Schnalzen der Stimmritze gebildet werden und so weiter. Aus solchen Beobachtungen kann man sich allmählich das Alphabet erschließen.

Man macht sich im Geist und auf Papier Notizen von kulturellen Phänomenen. Man geht auf den Markt. Man arbeitet auf den Feldern. Man gewinnt das Vertrauen der Menschen, so daß sie uns und wir sie besuchen. Und immer, immer hören wir ihnen zu.

Mit der Zeit machen sich unsere Geduld, unsere Beobachtungen, unsere Jahre der Ausbildung und unser Zuhören bezahlt. Die Sprache erschließt sich, und wir beginnen zu kommunizieren.

Mit der Zeit entstehen Freundschaften, und die kulturellen und sprachlichen Barrieren schrumpfen weiter zusammen. Die Kommunikation wird mehr als der Austausch von Symbolen oder Vorstellungen.

Man beginnt einander in einem tiefen Sinn, auf einer seelischen Ebene, zu verstehen. Und alles hat damit begonnen, daß wir intensiv zugehört haben. Durch intensives Zuhören sind wir dem anderen immer nähergekommen.

So müssen wir zuhören, wenn wir die Stimme Gottes vernehmen wollen.

»Wer Ohren hat zu hören, der höre«, heißt es immer wieder in der Bibel. Aber wer hat keine Ohren zu hören? Viele von uns. Die meisten. Was heißt es also »Ohren zu haben«? Es bedeutet, daß wir bereit und dafür ausgerüstet sind, auf fremde Gedanken zu hören, die uns von Gott in seiner »Sprache« übermittelt werden.

Wenn wir also ihn hören wollen, müssen wir diese neue Sprache lernen.

Ein Großteil der Probleme, die wir mit dem Schweigen Gottes haben, rührt daher, daß wir die Welt durch unsere fünf Sinne erfahren: tasten, schmecken, sehen, riechen, hören. Wir verstehen, was es bedeutet, durch diese vertrauten Sinne Informationen zu vermitteln, doch ihr Vermögen ist so begrenzt! Wir sind nicht in der Lage, durch sie Gott zu erkennen – nicht direkt zumindest. So kann es sein, daß manche Menschen auf die gleiche ehrfurchtgebietende Schöpfung sehen, die uns von Gott und seiner Macht berichtet, ohne dabei je an Gott zu denken. Oder sie lesen die Bibel, hören aber nur menschliche Stimmen. Sie sind nicht von

Gottes Existenz zu überzeugen, ganz zu schweigen von seiner Erhabenheit und Liebe.

Wir haben Berührung mit seiner Schöpfung, sehen sie, schmekken sie, riechen sie, hören sie. Wir haben in der Bibel eine schriftliche Niederlegung von Gottes Gedanken und Absichten und Beschreibungen seines Wesens. Wir können beobachten, wie er in Menschen wirkt und dabei etwas vom unsichtbaren und schweigenden Gott sehen und hören.

Aber für Realitäten, die so viel erhabener sind als die physikalische Welt, sind unsere fünf Sinne ungenügend ausgestattet. Sie tragen uns nicht weit genug. Es gibt Dinge, die man nur geistlich wahrnehmen kann – wir erfassen sie einerseits durch unsere Lebenserfahrungen und durch die Schrift, aber auch, als hätten wir sozusagen einen sechsten Sinn. Unsere fünf Sinne bringen uns nur an die Schwelle des Verstehens, hinter der Gott selbst ist. Es ist dieses *geistliche* Sinnesorgan, das uns die Tür öffnet und uns durch sie hindurchträgt.

Das ist die Sprache, die wir lernen müssen, wenn wir das Schweigen Gottes verstehen wollen, wenn dieses Schweigen zu uns reden soll. Wenn wir diese geistliche Dimension nicht in Betracht ziehen, wird Gott unverständlich bleiben und seine Wege und Worte ein unverständliches Gemurmel.

Dieses Gerede von einem sechsten Sinn mag wie ein kosmischer Hokuspokus klingen. Aber solche geistliche Einsicht beruht auf Vorstellungen, die uns Gott schwarz auf weiß vermittelt hat: in der Bibel. Damit diese Schrift zum Leben erweckt wird, damit sie, wie es Gottes Absicht war, für uns zur Quelle geistlicher Erkenntnis wird – selbst in den dunklen Zeiten, da Gott scheinbar schweigt, selbst inmitten der Rätsel und Widersprüche –, müssen wir sie anders lesen als etwa eine Tageszeitung. Zu unseren geistigen Fähigkeiten und über die normalen menschlichen Kanäle der Informationsverarbeitung hinaus muß diese übernatürliche, geistliche Disziplin kommen.

Dieses Buch ist ein Versuch, die Sprache zu lernen. Mit Beginn des nächsten Kapitels werden wir bedenken, auf welche Weise Gott geredet hat. Und doch bleibt Gott, wie wir gesehen haben, manchmal stumm. Manchmal stehen wir vor einem Rätsel und einem heiligen Paradox. Wenn wir die Sprache Gottes lernen wollen, wenn wir diesen sechsten Sinn entwickeln wollen, müssen wir auch ehrlich mit den Rätseln und Widersprüchen umgehen – den verwirrenden Erfahrungen und unklaren Vorstellungen. Und das werden wir auch.

Dieses Buch wird die Widersprüche nicht auflösen. Die Rätsel werden uns immer noch verwirren. Aber wenn wir uns ehrlich mit den Fragen beschäftigen und aufmerksam auf das Flüstern Gottes hören, beginnen wir vielleicht zu begreifen, was Gott mit seinem Schweigen beabsichtigt.

In solchen Zeiten, in denen wir die Stimme Gottes nur mit größter Mühe vernehmen, kommt uns vielleicht die größte Erkenntnis. Sie eröffnen uns den Zugang zu einem tieferen Verständnis für Gottes Willen und seine Wege. Wenn wir nur bereit sind zu hören. Aufmerksam. Wie ein Linguist, der eine unbekannte Sprache erforscht.

Wenn wir nur Ohren haben zu hören – selbst in der Stille –, erkennen wir vielleicht, daß das Schweigen Gottes erstaunlich beredt ist.

Wo sollen wir also beginnen?

Wir beginnen da, wo er begonnen hat: Am Anfang.

Teil 2

Die Stimme Gottes

Es gehört zum Wesen Gottes, sich zu offenbaren

Nicht, daß Gott nicht geredet hätte. Er hat geredet. Aber in unserem Inneren muß etwas geschehen, bevor wir seine Stimme vernehmen können.

Die Himmel erzählen die Ehre Gottes,
und die Feste verkündigt seiner Hände Werk.
Ein Tag sagt's dem andern,
und eine Nacht tut's kund der andern,
ohne Sprache und ohne Worte;
unhörbar ist ihre Stimme.
Ihr Schall geht aus in alle Lande
und ihr Reden bis an die Enden der Welt.
Psalm 19, 2-5

6. Schöpfung:
Eine gedämpfte Stimme

»Am Anfang schuf Gott Himmel und Erde.«

Mit diesen sieben Worten beginnt die Bibel eine Enthüllung über das Wesen, den Willen und die Wege Gottes, die weit über tausend Seiten umfaßt.

Diese Behauptung wird nicht verteidigt oder mit erschöpfendem Beweismaterial untermauert; die Bibel stellt sie ganz einfach als Tatsache hin.

Natürlich nimmt nicht jeder die Bibel beim Wort. Manche zweifeln an der Existenz Gottes. Sie zweifeln auch daran, daß er alles geschaffen haben soll. Und wer kann seine Auffassung wirklich beweisen?

Wir können den Ursprung des Universums nicht noch einmal inszenieren und als Zuschauer danebenstehen. Die Aussage steht da, und wir müssen sie so nehmen, wie sie ist, so skizzenhaft sie (und der Rest der Schöpfungsgeschichte) sein mag – oder es eben sein lassen.

Selbst Christen waren nicht immer zufrieden mit so begrenzten Informationen. Sie haben sich gefragt, was sie von der Sprache halten sollten. Wie wörtlich kann man diesen Bericht nehmen? Oder inwieweit ist er symbolisch gemeint?

Die Christen haben sich mindestens seit der Zeit, als Nikolaus Kopernikus, ein Kirchenadministrator, in seinem Todesjahr 1543 *Sechs Bücher über die Kreisbewegungen der Weltkörper* herausgab, über die näheren Umstände der Schöpfung und der natürlichen Welt auseinandergesetzt. Kopernikus wandte sich gegen die konventionelle, rückständige Ansicht und behauptete, daß sich die Planeten – einschließlich der Erde – um die Sonne drehten. Die Erde ist nicht der Mittelpunkt aller Dinge, nur weil wir das Gefühl haben, wir seien der Mittelpunkt von allem.

Der Reformator Martin Luther gehörte zu denen, die mit der Theorie des Kopernikus nicht einverstanden waren, weil sie der klaren Aussage des Alten Testamentes widersprach. Josua gebot nicht der Erde, stillzustehen, beklagte sich Luther, sondern der Sonne. Was ungeachtet aller intellektuellen Fähigkeiten und wohlmeinendem Glauben beweist, daß blinder Buchstabenglaube uns nur in Schwierigkeiten bringt. Bei allem, dessen wir uns so sicher sind, ist auch eine gesunde Einschätzung unserer Grenzen vonnöten und eine Bereitwilligkeit, mit ein paar ungelösten Widersprüchen und Ungereimtheiten zu leben.

Später, als der Astronom und Physiker Galileo sein ausgeklügeltes Teleskop zusammensetzte und begann, abends die Sterne und Planeten zu beobachten und seine Entdeckungen aufzuzeichnen, geriet auch er mit den religiösen Autoritäten aneinander. Die Kirche war der überheblichen Ansicht, daß die Mondkrater, die er entdeckte und von denen er sorgfältige Zeichnungen anfertigte, Gott in Verruf brachten. Und natürlich bestand Galileo entgegen der vorherrschenden Meinung darauf, daß sich die Erde um sich selbst und um die Sonne drehe. Neun Jahre vor seinem Tod zwang ihn die Inquisition, seine Irrtümer zu widerrufen. Solche Geschichten erinnern uns daran: Wir müssen manchmal die Wahl treffen zwischen innerer Aufgeschlossenheit und Hohlköpfigkeit.

Selbst heute gibt es Wissenschaftler, die sich über wohlmeinende religiöse Menschen amüsieren, die das Drehbuch einer jungen Schöpfung entwerfen, die erst vor ein paar tausend Jahren entstanden sein soll. Wenn wir in den Nachthimmel schauen, sehen wir Licht, das länger als diesen Zeitraum gebraucht hat, um uns zu erreichen. Wir könnten, wie es manche getan haben, einwenden, daß Gott offensichtlich eine »reife« Schöpfung geschaffen hat, die nur dem äußeren Anschein nach alt erscheint, und auf diese Weise an ihrer späten Entstehung festhalten. Aber ist es wirklich notwendig, unseren Glauben auf die Annahme zu gründen, daß Gott Lichtwellen mit mehr als der üblichen Lichtgeschwindigkeit ins All schickte? Sind wir so versessen darauf, diese Widersprüche aufzulösen?

»Am Anfang schuf Gott Himmel und Erde.«

Ich würde zwar gern mehr Einzelheiten erfahren, kann aber mit einer begrenzten Offenbarung über die Methodologie und andere Dinge leben. Es genügt mir, die Aussage anzunehmen: Gott hat alles geschaffen! Schließlich erscheint mir die Vorstellung einer genialen Schöpferkraft, die im Kosmos am Werk ist, sehr einleuchtend, wenn ich die Welt um mich herum betrachte.

Als ich kürzlich eine Zeitschrift durchblätterte, stieß ich auf folgende Phantasievorstellung: *Würde man das Sonnensystem auf die Größe von New York's Manhattan Island verkleinern, befände sich der nächstgelegene Stern – Alpha Centauri – 8 800 Kilometer entfernt, in Jerusalem.* Wir wissen zum Beispiel, daß wir, würden wir mit Lichtgeschwindigkeit reisen, die Sonne in acht Minuten erreichen könnten. Würden wir unsere Reise mit Lichtgeschwindigkeit fortsetzen, würde es mehr als vier Jahre dauern, um diesen nächstgelegenen Stern zu erreichen. Mit unserer gegenwärtigen Raumfahrtgeschwindigkeit würden wir dazu allerdings 100 000 Jahre brauchen.

Kürzlich verbrachte ich einen Tag im Adler Planetarium in Chicago und war danach ganz versessen darauf, solche anschaulichen astronomischen Beispiele zu finden. In unserer Stadtbibliothek las ich folgendes: *Würden wir die Sonne auf die Größe eines Stecknadelkopfes verkleinern, hätte das Sonnensystem die Größe eines großen Wohnzimmers.* Nehmen wir einmal an, dieses Wohnzimmer gehöre zu einem Strandhaus an der südkalifornischen Küste. Dann befände sich Alpha Centauri, der nächstgelegene Stern, auf

Catalina Island, 41 Kilometer entfernt. Auf diesen Maßstab verkleinert hätte unsere gesamte Milchstraße mit ihren 200 Milliarden Sternen einen Durchmesser von 960 000 Kilometer. In Wirklichkeit ist sie eine Billion mal größer.

Das ist nur eine Milchstraße.

Aber es gibt in dem Universum, das sich unserer Beobachtung erschließt, mehr als 10 Milliarden.

»Am Anfang schuf Gott Himmel und Erde.«

Auf diesem Planeten gibt es mehr als 507 Millionen Kubikkilometer Ozean und mehr als 91 Millionen Quadratkilometer Land, die allesamt von einer schwindelnden Anzahl von Lebewesen bewohnt sind. Es gibt allein 10 000 Arten Schwämme. Selbst einzellige Protozoen existieren in einer unbegreiflichen Mannigfaltigkeit. Es sind bislang achtzigtausend Arten beschrieben worden, aber es gibt noch dreimal so viele, die auf ihre Erforschung warten.

Ich ging in die Stadtbibliothek und suchte ein Buch über Schmetterlinge. Ich zog einen Band aus dem Regal, der Farbfotos von 2 000 Arten präsentierte. Zweitausend! Ich war beeindruckt. Daneben stand ein Buch, das 5 000 Arten beschrieb. Als ich flüchtig einige Texte überflog, stieß ich auf die Information, daß die Wissenschaft mehr als 10 000 Arten kennt. Um die feinen Unterschiede zwischen ihnen herauszustellen, wären 20 000 Fotografien nötig.

Um ein wenig Ordnung in unsere Untersuchungen so unterschiedlicher Lebensformen zu bringen, erfinden wir Namen, Namen, die die meisten Menschen nur selten in den Mund nehmen. Neben Hunden, Katzen, Menschen, Fruchtfliegen und Giraffen beherbergt die Erde Mützenschnecken, Bandwürmer, Dasselfliegen, rotflügelige Grashüpfer, Dornenkronenseesterne, Katzenwelse, Engmaulfrösche, Rotbauchunken, Nasenaffen, schwimmfüßige Geckos, Steppenhühner, Sandhügelkraniche, Schabrackentapire, Trompetenfische, Pferdeantilopen, rote Rattenkänguruhs und Eulenpapageien, um nur einige zu nennen.

Es gibt zwischen 5 und 10 Millionen unterschiedliche Arten von Pflanzen, Tieren und anderen Lebensformen. Bei der gewaltigen Aufgabe, diese Informationen zu sammeln und zu katalogisieren, ist es verzeihlich, daß die Angabe nicht präziser ist.

Daneben steht das Wunder der Atombausteine – diesem komplexen System, das dem Universum entspricht, nur in mikroskopischem Maßstab.

Aber es ist nicht nur die Unermeßlichkeit und Vielfältigkeit der Natur, die uns in Staunen versetzt. Was für ein Wunder, daß all das miteinander in Verbindung steht. Vom inneren Gleichgewicht des Ökosystems bis zu den ineinandergreifenden komplexen Systemen der Biologie bezeugt die Natur einen Gott der Ordnung. Sonnensysteme und Atomstrukturen, Flora und Fauna – sie alle haben Teil an einem komplizierten Tanz, der von Gott in Szene gesetzt wurde.

»Am Anfang schuf Gott Himmel und Erde.«

Und er schuf Menschen. Was für ein Wunder ist unser Menschsein, und was sagt es über die Herrlichkeit des Schöpfers aus! Sicher können Menschen manchmal ziemlich unangenehm sein, und doch sind sie so faszinierend, mit Gehirnen, die einem Computer überlegen sind, und Augen, die künstliche Linsen bei weitem übertreffen. Wir können über komplizierte Vorstellungen nachsinnen und uns über Unmenschlichkeit entrüsten. Woher haben einzelne Menschen und Kulturen ein Gewissen oder ein moralisches Gesetz, wäre ihnen das nicht auf irgendeine Weise von einem persönlichen Schöpfer eingegeben worden, der ebenso empfindet?

Es ist unwahrscheinlich, daß so persönliche und vernunftbegabte Wesen – auch wenn sie nur ein begrenztes Moralgefühl besitzen – ein Nebenprodukt unpersönlicher, gedankenloser Kräfte sind.

»Am Anfang schuf Gott Himmel und Erde.«

Wenn ich meine Augen erhebe und von der Unermeßlichkeit des Universums überwältigt bin, werde ich an den überlegenen Geist erinnert, der in der Natur regiert. Wenn ich mich umschaue und mir der Vielfalt und Ordnung des Lebens bewußt werde, bin ich beeindruckt von dem kreativen Künstler, der die Natur gestaltet. Wenn ich Sie ansehe, glaube ich nicht an einen blinden Zufall.

Die Schöpfung spricht von Gott, und Gott redet durch die Schöpfung. Es ist, als hätte er in der ganzen Natur Wegweiser aufgestellt, die alle auf ihn weisen. Er hat seinen Namen in den Himmel geschrieben. In die tiefen Schluchten. In die komplizierten Zusammenhänge der Biologie. In der gesamten Schöpfung finden wir seine Fingerabdrücke. Wir können seine Stimme in dem hören, was er geschaffen hat.

Die Schöpfung bietet natürlich nicht ein einheitlich harmonisches und schönes Bild. Wenn wir eine Tierreportage im Fernsehen einschalten und eine ausgehungerte Löwin sehen, die ein blutiges Zebra verschlingt, scheint uns die Natur doch ziemlich unvollkommen. Das im Tierreich herrschende Prinzip vom Überleben des Stärksten ist schauerlich anzusehen. Darüber hinaus tun auch Menschen einander schlimme Dinge an, und der Weltraum erscheint uns kalt und bedrohlich.

Die Bibel behauptet, daß die Schöpfung, so wie sie Gott ursprünglich vorgesehen hatte, verdorben worden ist. Der moralische Zusammenbruch im Garten Eden – und danach – wirkt sich in verheerender Weise auf die gesamte Natur aus. Der Sündenfall brachte nicht nur in die menschliche Geschichte Traurigkeit und Tod; sein verderblicher Einfluß wirkt sich auf die ganze Schöpfung aus mit allen möglichen schlimmen Folgeerscheinungen.

Es ist bemerkenswert zu lesen, wie die Folgen menschlichen Fehlverhaltens sich in der Natur zeigen. Das Neue Testament erklärt das so: »Denn das ängstliche Harren der Kreatur wartet darauf, daß die Kinder Gottes offenbar werden. Die Schöpfung ist ja unterworfen der Vergänglichkeit – ohne ihren Willen, sondern durch den, der sie unterworfen hat – doch auf Hoffnung; denn auch die Schöpfung wird frei werden von der Knechtschaft der Vergänglichkeit zu der herrlichen Freiheit der Kinder Gottes. Denn wir wissen, daß die ganze Schöpfung bis zu diesem Augenblick mit uns seufzt und sich ängstet« (Römer 8, 19-22).

Poetisch gesprochen malt die Schrift uns das Bild einer Schöpfung vor Augen, in der Löwen und Lämmer friedlich miteinander leben, Kinder sich nicht vor Schlangen fürchten und der Kreislauf von Verfall und Tod schließlich durchbrochen wird. Wie der

Römerbrief bescheinigt, befindet sich die Natur noch nicht in diesem Stadium.

Wenn Gottes Stimme in der Natur gedämpft, wenn seine Fingerabdrücke in der Schöpfung verwischt erscheinen, gibt es einen guten Grund dafür. Doch selbst, wenn man die Unvollkommenheiten der Schöpfung in Betracht zieht, spricht die Schöpfung eine beredte Sprache von Gottes Macht und Majestät.

»Am Anfang schuf Gott Himmel und Erde.«

Ich schlage im Neuen Testament den Römerbrief auf. Bevor ich das erste Kapitel halb durchgelesen habe, stoße ich auf diese Worte – diese freimütige Behauptung: »Denn Gottes unsichtbares Wesen, das ist seine ewige Kraft und Gottheit, wird seit der Schöpfung der Welt ersehen aus seinen Werken, wenn man sie wahrnimmt.«

Ich blättere zurück zum 19. Psalm und finde dort denselben Gedanken, in poetischer Sprache formuliert:

> Die Himmel erzählen die Ehre Gottes,
> und die Feste verkündigt seiner Hände Werk.
> Ein Tag sagt's dem andern,
> und eine Nacht tut's kund der andern,
> ohne Sprache und ohne Worte;
> unhörbar ist ihre Stimme.
> Ihr Schall geht aus in alle Lande
> und ihr Reden bis an die Enden der Welt.

Die Schöpfung spricht von Gott, und Gott redet durch die Schöpfung. Würden wir in eine andere Zeit, Kultur und an einen anderen Ort versetzt und wüßten nichts mehr davon, was die Bibel über Gott offenbart, würde doch die Schöpfung reden. Aber würde sie genug sagen?

Es geschieht nicht ohne Absicht, daß die erste Hälfte von Psalm 19 von der Schöpfung handelt, und die Herrlichkeit Gottes preist. Aber es ist auch kein Zufall, daß die zweite Hälfte dieses Psalms mit den Worten beginnt:

Das Gesetz des Herrn ist vollkommen
und erquickt die Seele.
Das Zeugnis des Herrn ist gewiß
und macht die Unverständigen weise.
Die Befehle des Herrn sind richtig
und erfreuen das Herz.
Die Gebote des Herrn sind lauter
und erleuchten die Augen.

Die Schöpfung spricht von Gott, und Gott redet durch die Schöpfung, aber was er hier sagt, ist nur der Beginn seines Redens.

Denn alle Schrift, von Gott eingegeben, ist nütze zur Lehre, zur Zurechtweisung, zur Besserung, zur Erziehung in der Gerechtigkeit, daß der Mensch Gottes vollkommen sei, zu allem guten Werk geschickt.
2. Timotheus 3, 16.17

7. Die Bibel:
Eine sichere und gewisse Stimme

Ich erinnere mich noch an meine erste und intensivste Begegnung mit Gott. Ich hatte in der Vergangenheit ein oder zwei vage religiöse Erlebnisse gehabt, die durch Gefühlsbewegungen oder Gewissensbisse hervorgerufen worden waren. Diesmal war es anders.

Ich saß hoch in den Bergen der Sierra Nevada unter einem sternenübersäten Himmel vor einem lodernden Lagerfeuer. Auf meinem Schoß lag das aufgeschlagene Evangelium nach Matthäus, in der Fassung der alten King-James-Bibel, die mir meine Eltern geschenkt hatten, als ich noch ein Kind war. Ich befand mich auf einer wochenlangen Campingreise mit meinem Bruder und hatte die Bibel, nachdem schon alles verstaut war, in einer plötzlichen Eingebung ins Auto geworfen.

Ich weiß nicht warum, aber in dieser Nacht zog ich sie hervor und las aufmerksam in einem Zug alle achtundzwanzig Kapitel des Matthäusevangeliums. Ich las von der Versuchung Christi, von seinen Lehren, seinen Wundern, wie sein Ansehen in der Volksgunst stieg und fiel. Als ich bei der ungerechten Gerichtsverhandlung und seinem grauenvollen Tod angelangt war, hatte ich das Empfinden, als würde ich all das miterleben und wäre an diesem Justizirrtum mitschuldig. Er starb für *meine* Sünden und schenkte *mir* durch sein Blut die Vergebung. Und dann kehrte drei

Tage nach seinem Tod wieder Leben in seinen Körper zurück, und er verließ als Lebendiger sein Grab. Erschüttert von dieser Wahrheit schloß ich das Buch.

In dieser Nacht, während ich in dem Evangelium las, begann ich zu glauben, wie ich noch nie zuvor geglaubt hatte. Das Christentum wurde für mich mehr als eine Religion, es wurde etwas ganz Lebendiges. Ich begann, ziemlich regelmäßig in der Bibel zu lesen, und ich hatte dabei das Gefühl, als hätte ich einen Brief von Gott bekommen.

Eines Morgens, kaum ein Jahr später, stand ich in aller Frühe am Ende der Manhattan Beach Pier in Südkalifornien, sah über die endlose blaue Weite des Meeres und dachte an den, der all das geschaffen hatte. Ich war überwältigt von der Größe Gottes. An diesem Morgen machte ich einen langen Spaziergang an der Küste entlang, allein, aber der Gegenwart Gottes gewiß. Und ich betete laut und redete mit Gott, als sei er mein bester Freund, und hinge an jedem Wort, das ich von mir gab.

In dieser Woche kaufte ich meinen ersten Bibelkommentar, eine Ausgabe, die mir ein Gefühl der Befriedigung verschaffte, wie ich es noch nie zuvor erlebt hatte. Ich hatte nicht das Gefühl, als hätte ich Geld für ein Buch ausgegeben; ich hatte das Empfinden, als hätte ich in meine eigene Zukunft investiert. Diese Überzeugung war aus der Entdeckung von Gottes Gedanken entstanden – einem tieferen Verständnis für ihre Bedeutung –, wie sie uns in der Schrift dargestellt wird. Die Anschaffung von Büchern, die meinen neuen Glauben stärkten, wurde zu einer Art Leidenschaft.

In einer Zeitspanne von weniger als einem Jahr hatte ich einen Eifer entwickelt, Gott kennenzulernen, der sich über die Jahre hinweg erhalten und sich noch vertieft hat. Seine Anfänge lagen in diesem Erlebnis in den Bergen, als, davon bin ich heute noch überzeugt, Gott mir bei der Lektüre seines Buches begegnete.

Meine Sicht der Bibel hat sich jedoch im Laufe der Jahre geändert, und es ist diese Veränderung, über die zu schreiben ich mich nun gedrängt fühle. Es war mir zu der Zeit nicht bewußt, aber in der Anfangszeit meiner Bibelleseerfahrung bearbeitete ich die Bibel beim Lesen – ich filterte manche Gedanken und Vorstellungen heraus, weil ich sie langweilig oder verwirrend fand, während ich andere besonders beachtete, da sie mir unmittelbar zu Herzen gingen. Ich las die Bibel sehr selektiv und hielt Ausschau nach eingängigen Versen – göttlichen Schlagworten sozusagen –, die mich durch den Tag begleiten sollten. Ich merkte, daß ich eine Vorliebe für die Psalmen, die Evangelien und die Briefe des Neuen Testaments entwickelte. Gelegentlich wagte ich mich auch einmal in den verwirrenden Bereich des Alten Testaments, und manchmal war meine Suche von Erfolg gekrönt. Ein gefälliger Satz wie Jeremias: »Rufe mich an, so will ich dir antworten und will dir kundtun große und unfaßbare Dinge, von denen du nichts weißt«, war für mich die homiletische Entsprechung eines politischen Schlagwortes. Ein einziger, verständlicher Gedanke, den ich mir leicht merken konnte und der mich durch den Tag begleiten würde.

Ich möchte nicht geringschätzen, wenn man die Bibel als Andachtsbuch liest und dabei Sätze hervorhebt, die uns beim Lesen als von Gott selbst hervorgehoben zu sein scheinen. Ich behaupte noch nicht einmal, daß mein Zugang zur Bibel in diesem Stadium meines Lebens und Daseins als Christ falsch war. Ich bin zuversichtlich, daß Gott sich gefreut hat, daß ich sein Buch überhaupt so aufmerksam und eifrig gelesen habe. Deshalb hat er es uns ja gegeben; damit wir in ihm eine Quelle der göttlichen Weisheit und Hilfe entdecken – damit seine Stimme uns beim Lesen in den Ohren klinge.

Ich entsinne mich jedoch, daß ich an einem Nachmittag plötzlich merkte, daß ich mit der Bibel ungeduldig wurde. Ich hatte begonnen, ein Buch des Alten Testamentes zu lesen; ich erinnere mich nicht mehr daran, welches es war, ich glaube, es war einer der sogenannten Kleinen Propheten. Es war eines jener Bücher zwischen den Psalmen und dem Matthäusevangelium, dem irgendwie nie die ihm gemäße Aufmerksamkeit zukommt. Ich hatte also zu lesen begonnen und merkte, daß meine Gedanken abschweiften. Als nächstes wurde mir bewußt, daß ich über diese lächerlich schwerfälligen, unaussprechlichen Worte stolperte. Ich merkte auch, daß ich den Sinn der Sätze nicht begriff; ich hatte ganz einfach nicht genügend Hintergrundwissen, nehme ich an.

Dann begann ich, die Zeilen zu überfliegen, auf der Suche nach einer interessanten Aussage in diesem langweiligen Text. Meine Zeit wäre nicht vertan, würde ich einen jener kleinen, eingängigen Verse finden, der sich unter all dem anderen Zeug verbarg. Wenn ich nur auf irgendein erbauliches Zitat stoßen würde! Ich fand nichts.

Ich klappte das Buch zu und legte es frustriert beiseite. Da wurde mir klar: *Ich bin ungeduldig mit der Bibel.* Ich hätte nie gesagt: »Warum sind so viele Texte so wertlos?« Aber ich glaube, daß ich es so empfunden habe.

Das beunruhigte mich später, weil mir bewußt wurde, daß ich schon oft so empfunden hatte, auch wenn ich es nicht hatte wahrnehmen wollen. Das war es, was all meine Versuche, die Bibel ganz durchzulesen, vereitelt hatte. Wie konnte ich mich dazu bringen, jedes Wort zu lesen, ohne das Gefühl zu haben, daß ich zum Beispiel mit dem 3. Buch Mose nur meine Zeit verschwendete? Meine Frau ging einmal zu einem Arzt, der mit verschmitztem Lächeln die Lektüre des 3. Buches Mose als Heilmittel gegen Schlaflosigkeit empfahl. Ich fühlte mich ein wenig schuldig, das zugeben zu müssen, aber ich konnte das irgendwie nachvollziehen.

Meine Einstellung zu den vernachlässigten Schriften begann sich jedoch zu ändern, als ich ehrlich aussprach, was ich mich sonst nur im stillen gefragt hatte. Ich nahm meine eigene Frage ernst – *als* eine Frage, nicht als Anklage oder Vorwurf: Warum *stehen* diese Dinge in der Bibel? Was soll das? Mit der Zeit veränderten diese Fragen mein Gottesverständnis.

Etwas anderes geschah zur gleichen Zeit: Meine Gründe, in der Bibel zu lesen, waren nicht mehr so engstirnig. Zuvor hatte mich die Sehnsucht nach geistlicher Erkenntnis zur Bibel getrieben. Ich wurde von der Begeisterung einer neuen Freundschaft getrieben. Ich wollte die Bibel besser kennenlernen, darüber hinaus hatte ich kaum irgendwelche Absichten. Der Aha-Effekt, der mit der Entdeckung solcher erbaulichen Verse einherging, reichte mir vollkommen. Es genügte mir, Gott auf diese Weise kennenzulernen.

Als mein Glaube sich festigte und das Leben schwierigere Fragen aufwarf, änderte sich meine Motivation zum Bibellesen; in mancher Hinsicht würde ich sagen, daß sie sich vertiefte. Ich schätzte Gott darum nicht weniger, noch achtete ich unsere gemeinsame Zeit mit diesem Buch gering. Aber ich begann, Spannungen und Unvereinbarkeiten zu entdecken zwischen dem Glauben, wie ich ihn verstand, und dem Leben, wie ich es erlebte. Und so begann ich, in der Bibel nach Antworten auf zunehmend komplexe und beunruhigende Fragen zu suchen.

Ich entdeckte dann, daß die gesamte Heilige Schrift wirkungsvoller und ehrlicher auf meine Fragen einging, als meine zusammenhanglose und auswählende Lektüre. Mein wahlloses Lesen, bei dem ich lediglich eingängige Verse aus dem Kontext riß, führte dazu, daß ich die Stimme Gottes unterdrückte, weil ich so vieles, was er mir mitteilen wollte, gar nicht beachtete.

Gottes Gedanken und Absichten hatten ein Ausmaß, daß ich zuvor gar nicht richtig zu schätzen wußte, weil ich mich selbst von der Vielfalt seiner Ausdrucksmöglichkeiten abgeschnitten hatte. Es war, als hätte ich mit Gott ein Gespräch geführt, sei aber, während er redete, immer wieder aus dem Zimmer gegangen.

Ich habe vieles verpaßt.

Jetzt begannen sich neben all den faszinierenden Details zentrale Themen herauszukristallisieren. Diese Entwicklung vollzog sich natürlich nach und nach, und ich mußte zusätzlich andere Bücher lesen und mich mit der Geschichte, Geographie und Kultur der biblischen Länder beschäftigen. Bestimmte Abschnitte der Bibel verwirrten und beunruhigten mich noch immer. Ich gebe unumwunden zu: An die alttestamentlichen Geschichtsbücher mit ihren scheinbar endlosen Geschlechtsregistern oder detaillierten Beschreibungen merkwürdiger Rituale muß man zum Beispiel anders herangehen als an das Buch der Psalmen. Aber lesen muß man sie unbedingt. Es wäre unklug und oberflächlich, es nicht zu tun; immerhin enthalten sie einen Großteil des Redens Gottes mit uns.

Als sich meine Einstellung zum Bibellesen änderte, merkte ich mit der Zeit, daß ich beim Lesen einen etwas anderen Ton vernahm. Es war noch immer die Stimme Gottes, aber sie ging mehr in die Tiefe.

Doch selbst dann muß man sich fragen, weshalb die Bibel so viel Wert auf historische Einzelheiten und kulturelle Besonderheiten legt, im Gegensatz zu, sagen wir einmal, simplen und eingängigen Aussprüchen, einer Anleitung zur Selbsthilfe oder einer tiefsinnigen, mystischen Philosophie. Bei der Lektüre der Bibel liest man unzählige Abschnitte, bevor man ab und zu auf solch erbauliche Stellen stößt. Das hat mich zu der Auffassung geführt, daß die Bibel nie ausschließlich als erbauliches Buch gedacht war, so wie wir uns erbauliche Bücher vorstellen – als Ansammlung »erhabener Gedanken«. Die Bibel ist viel tiefgründiger, obwohl diese Tiefe uns zuweilen im Gewand sehr irdischer, historischer Berichte oder, im Fall der Propheten, eines bizarren, futuristischen Symbolismus erreicht.

Das ist alles schön und gut, doch für mich zumindest stellt sich nach wie vor die Frage: Warum? Warum nimmt Geschichte einen so hohen Stellenwert in der Bibel ein?

Vielleicht soll uns auf diese Weise vor Augen geführt werden, daß das Leben eines einzelnen Menschen von großer Bedeutung ist. Beim Lesen der Bibel, einschließlich der vernachlässigten Schriften, erkennen wir, daß Gott durch einzelne Menschen den Lauf der Geschichte ändert. So baut Noah eine Arche, führt Mose ein Volk aus der Sklaverei, regiert David eine Nation, deutet Daniel einen Traum, erzieht Maria einen Retter – und all das wird sorgfältig in einen Kontext von glaubwürdigen, historischen Details und authentischen kulturellen Besonderheiten gestellt.

In jeder Epoche und Kultur kommt es auf den einzelnen Menschen an. Wenn die Geschichtsbücher der Bibel Gottes Handeln darstellen, liebt er es, einzelne Menschen auf die Weltbühne zu stellen, damit sie mit ihm im Rampenlicht stehen.

Gott hat mit Menschen Geschichte gemacht, die sich ihm zur Verfügung stellten. Das tut er heute noch, und er möchte, daß wir das erfahren. Gerne wird er Sie benutzen. Oder mich.

Warum nimmt also die Geschichte einen so hohen Stellenwert in der Bibel ein? Um uns zu vermitteln, daß Gott sich nicht außerhalb unseres Erfahrungsbereiches befindet; er steht mitten darin an unserer Seite und will sich uns offenbaren.

Die Vermittlung von göttlicher Inspiration durch erbauliche Bibelstellen hat sicher ihren Platz. Wir klammern uns an solche Worte, sie tragen uns durch schwierige Zeiten hindurch. Doch die Ausrichtung der Bibel auf Geschichte und kulturelle Besonderheiten erinnert uns daran, daß Gott mitten in unserem Leben am Werk ist, er steht an vorderster Front unserer Konflikte und unseres Kummers und ist keineswegs von alledem abgeschnitten, nur weil er ewig ist und nicht den Beschränkungen der Zeit unterliegt.

Er arbeitet mit uns im Kontext unserer Geschichte. Die guten, freudevollen Erfahrungen und die Umstände, die uns in die Depression führen, sie alle sind kein Zufall. In jedem Augenblick, während die Zeit sich auf die Ewigkeit zubewegt (oder Seite an Seite mit ihr besteht), erhebt Gott seine Stimme, damit er gehört werde, oder redet leiser, damit wir zuhören.

Warum legt die Bibel so viel Wert auf Geschichte? Gott läßt uns wissen, daß er in jedem Stadium der Menschheitsgeschichte seinen Willen und seine Wege kundgetan hat, mit immer größerer Klarheit und Intensität. Die Bibel ist die Geschichte von der Liebe Gottes zu den Menschen und seinem Wunsch, mit ihnen zu kommunizieren – seiner leidenschaftlichen Sehnsucht, sich ihnen bekannt zu machen.

Er hat durch die Schöpfung gesprochen; er hat mit den Propheten geredet, die seine Worte an andere weitergaben; er hat seine Absichten durch Träume und Visionen enthüllt; er hat seine Wege dargestellt; durch Rituale, Gebräuche und Gesetze hat er uns sein Handeln veranschaulicht und uns eine Vorahnung vom Kommen Christi gegeben. Er hat einem Volk geboten, seine Botschaft von einer Generation zur anderen und von einem Volk zum anderen durch sorgfältig gehütete, mündliche Überlieferungen weiterzugeben. Er gab seine Worte und Gedanken Menschen ein, die von ihm dazu ausersehen waren, all das niederzuschreiben und weiter zu überliefern.

»Nachdem Gott vorzeiten vielfach und auf vielerlei Weise geredet hat zu den Vätern durch die Propheten, hat er in diesen letzten Tagen zu uns geredet durch den Sohn« (Hebräer 1, 1.2).

Man könnte sagen, daß es Gottes sehnlicher Wunsch ist, daß keiner das Ende der menschlichen Geschichte erlebt und dann als Fremder vor ihm steht.

Am Anfang war das Wort, und das Wort war bei Gott, und Gott war das Wort. ... Und das Wort ward Fleisch und wohnte unter uns, und wir sahen seine Herrlichkeit, eine Herrlichkeit als des eingeborenen Sohnes vom Vater, voller Gnade und Wahrheit.
Johannes 1, 1.14

8. Christus:
Das Wort wurde Mensch

Ich glaube, das Problem begann anläßlich der Feierlichkeiten zum vierten Juli, das vermute ich jedenfalls. Auf jeden Fall wurde ich irgendwann von einer kranken Stechmücke attackiert – und ein paar Wochen später entzündete sich mein Gehirn und begann anzuschwellen. Diese Virusinfektion, die sich ganz unterschiedlich stark auswirken kann, nennt man Encephalitis, Gehirnhautentzündung. Sie machte sich bei mir durch die stärksten und anhaltendsten Kopfschmerzen bemerkbar, die ich je erlebt hatte – einem Gefühl von Schmerz, Druck und Schwindel. Ich hatte das Gefühl, als würde irgend etwas in meinem Kopf sich plötzlich ausdehnen, bis es schier keinen Platz mehr darin hatte.

Nach einer Woche in Estes Park befanden meine Familie und ich uns auf dem Weg nach Denver, wo wir ein paar Tage mit einer Studienfreundin und ihrem Mann verbringen wollten. Meine Frau saß am Steuer; ich hatte die Karte auf dem Schoß und gab ihr Anweisungen. Doch als der Schmerz zunahm, hatte ich Mühe, überhaupt meinen Kopf hochzuhalten. Als wir bei unseren Freunden ankamen, waren Kopfdruck und Schwindel so stark geworden, daß ich kaum der Unterhaltung folgen konnte.

In dieser Nacht sah ich zwischen den Einnahmen eines Schmerzmittels, das völlig wirkungslos blieb, immer wieder auf die Uhr und sehnte den Morgen herbei. Meiner Schätzung nach waren bereits Stunden vergangen, doch ein Blick auf die Uhr zeigte mir, daß erst eine halbe Stunde verstrichen war. Ich sank jedesmal auf mein Kissen zurück, fand das zu schmerzhaft und setzte mich wieder auf. In diesen schrecklichen Augenblicken betete ich das einzige Gebet, zu dem ich fähig war. Es war ehrfurchtsvoll, verzweifelt und in gewissem Sinne wohl wirksam. Es bestand nur aus einem einzigen Wort:

»Jesus.«

Ich betete dieses Gebet mehrmals in dieser Nacht, leise, und ich schäme mich nicht, es zuzugeben, mit flehentlicher Stimme.

»Jesus.«

Am nächsten Morgen wurde ich in aller Frühe in die Klinik gebracht. Nach den üblichen Testreihen, einer Computertomographie und einer Rückenmarkpunktierung, gab mir der Neurologe die Diagnose und ließ mich wissen, was als nächstes vorgesehen war: nichts. Der nicht behandelbare Virus brauchte ganz einfach Zeit, um von selbst auszuheilen.

Nach einer Woche im Krankenhaus (ich fühlte mich am Tag meiner Entlassung schlechter als am Tag meiner Einweisung), begannen wir die Heimreise von 1600 Kilometer. Meine Frau saß am Steuer, mein ältester Sohn auf dem Beifahrersitz. Mein kleinerer Sohn, der in den vergangenen fünf Tagen fast unaufhörlich geweint hatte, blieb auf der ganzen Heimreise an meiner Seite. Wir beide lagen ausgestreckt auf einer Luftmatratze und einem Schlafsack, das heißt, so weit ausgestreckt, wie das unser enger und vollgestopfter Wagen zuließ. (Während dieser Heimreise wurden uns in unserem Motelzimmer die letzten 200 Dollar gestohlen).

Es dauerte über ein Jahr, bis ich wieder meinen normalen Arbeitsrhythmus aufnehmen konnte. Selbst die Kiefernnadeln, die fünf Monate nach meinem Klinikaufenthalt von unserem Weihnachtsbaum fielen, weckten mich auf, als ich unruhig im Lehnstuhl schlief.

In dieser Zeit kamen meine Gedanken immer wieder auf das Gebet zurück, das nur aus einem Wort bestand. Es war das einzige gewesen, das ich in dieser langen Nacht in Colorado aussprechen konnte, als die Gehirnhautentzündung mich lehrte, was das Wort *Kopfschmerzen* wirklich bedeutet. Als der Schmerz in dieser ersten Nacht immer stärker wurde, drängte er nur ein Wort aus meinem Mund, den Namen meines besten Freundes:

»Jesus.«

Es faszinierte mich, daß dieses Gebet, das so gering erschien, und auch keine Heilung bewirkte oder auch nur meine Beschwerden linderte, mich innerlich ruhig und zuversichtlich machte. Ich kann nicht ehrlichen Herzens sagen, daß ich ganz und gar verstehe, was geschah, als ich in jener Nacht betete. Es war für mich eine intensive geistliche Erfahrung: seinen Namen zu denken, das Wort zu bilden, es auszusprechen und zu wissen, daß es gehört wurde. Ja, das ist natürlich der Grund, weshalb ich so getröstet wurde: Ich war davon überzeugt, daß er mich hörte, so deutlich, wie meine besorgte Frau, die an meiner Seite wach lag.

»Jesus.«

In diesem Augenblick, während ich schreibe, ist meine Seele von einem nahezu heiligen Staunen erfüllt. Und ich kann es wieder einmal kaum fassen, daß es möglich ist, in dieser Weise von Jesus zu sprechen: als von einem, der real ist – transzendent und doch ganz nahe; majestätisch und doch ganz persönlich und vertraut; mächtig und kraftvoll und doch fürsorglich.

Wer ist Jesus?

Wenn ich die Evangelien lese, entsteht vor meinem geistigen Auge das Bild eines einzigartigen Jesus. Ich erkenne in ihm einen Menschen, der ganz und gar menschlich ist und doch gleichzeitig so viel mehr. Menschlich sicher, doch so ganz anders als jeder andere Mensch, den ich kenne.

Überraschenderweise – wenn sie uns nicht schon allzu vertraut erscheint – ist die Geschichte Jesu nicht mit seinem Tod zu Ende, noch nicht einmal mit dem welterschütternden Höhepunkt, seiner Auferstehung. Nein, selbst da lesen wir nur die ersten Kapitel einer Geschichte, die noch immer weitergeht. So kommt es, daß Jesus ein Vierteljahrhundert nach seinem Tod so beschrieben wird: »Er ist das Ebenbild des unsichtbaren Gottes, der Erstgeborene vor aller Schöpfung. Denn in ihm ist alles geschaffen, was im Himmel und auf Erden ist, das Sichtbare und das Unsichtbare, es seien Throne oder Herrschaften oder Mächte oder Gewalten; es ist alles durch ihn und zu ihm geschaffen. Und er ist vor allem, und es besteht alles in ihm. Und er ist das Haupt des Leibes, nämlich der Gemeinde. Er ist der Anfang, der Erstgeborene von den Toten, damit er in allem der Erste sei. Denn es hat Gott wohlgefallen, daß in ihm alle Fülle wohnen sollte« (Kolosser 1, 15-19).

Wer ist Jesus? Wenn das Neue Testament beschreibt, daß er über allem steht, was vor ihm war, klingt das ganz ähnlich. »Nachdem Gott vorzeiten vielfach und auf vielerlei Weise geredet hat zu den Vätern durch die Propheten, hat er in diesen letzten Tagen zu uns geredet durch den Sohn, den er eingesetzt hat zum Erben über alles, durch den er auch die Welt gemacht hat. Er ist der Abglanz seiner Herrlichkeit und das Ebenbild seines Wesens und trägt alle Dinge mit seinem kräftigen Wort« (Hebräer 1, 1-3).

Wer also ist Jesus? Wenn wir den Worten der Schrift glauben, ist er der Schöpfer und Erhalter des Universums. Er ist das Thema und die Vollendung der Geschichte. Er ist die letzte und vollkommenste Offenbarung Gottes, weil er selbst Gott ist.

Angesichts all dessen ist es verständlich, daß Jesus verehrt wird, daß wir ihn der Anbetung würdig finden. Es ist bemerkenswert, daß wir ihn auch zugänglich finden. Nur, wer ist Jesus?

Die oben zitierten Worte beschreiben ihn als majestätisch und transzendent. Die folgenden Worte beschreiben ihn, wie auch ich ihn kennengelernt habe: persönlich und fürsorglich. »Weil wir denn einen großen Hohenpriester haben, Jesus, den Sohn Gottes, der die Himmel durchschritten hat, so laßt uns festhalten an dem Bekenntnis. Denn wir haben nicht einen Hohenpriester, der nicht könnte mit leiden mit unserer Schwachheit, sondern der versucht worden ist in allem wie wir, doch ohne Sünde. Darum laßt uns hinzutreten mit Zuversicht zu dem Thron der Gnade, damit wir Barmherzigkeit empfangen und Gnade finden zu der Zeit, wenn wir Hilfe nötig haben« (Hebräer 4, 14-16).

Wir empfangen Barmherzigkeit und finden Gnade, wenn wir

Hilfe nötig haben, selbst wenn das einzige Gebet, zu dem wir fähig sind, ganz einfach sein Name ist:

»Jesus.«

Während ich dies schreibe, denke ich an das Schweigen Gottes und an die Stimme Gottes. Ich bin mir der Geheimnisse bewußt, die ich nicht ausloten kann, und der Widersprüche, die ich nicht miteinander in Einklang bringen kann. Aber so vieles, was mir verworren erscheint, tritt in den Hintergrund, wenn ich über Gottes deutlichstes Wort nachsinne:

»Jesus.«

Halten Sie sich einmal einen Augenblick lang all das vor Augen, was er gesagt und getan hat. Bedenken Sie all das, was die Person Jesu ausmacht. Gottes Schweigen bekommt mit einemmal eine Stimme, und diese Stimme ist voller Einsicht und Weisheit. Die Fragen werden deshalb nicht alle verschwinden; die Geheimnisse nicht alle gelüftet; die Widersprüche nicht alle aufgelöst. Aber all dieses Unbekannte ist in einen Zusammenhang gestellt. Ihm wird eine Perspektive verliehen. Wenn ich nur an Jesus denke, ist es, als würde Gott reden und in meinem Geist Gedanken über sich selbst entstehen lassen, Antworten auf viele meiner Fragen, Erfüllung so vieler meiner Sehnsüchte.

In dieser schlimmen Nacht in Colorado, als meine Gebete auf diesen zweisilbigen Namen – »Jesus« – zusammengeschrumpft waren, stand mir nicht der Sinn danach, meine Erfahrung zu theologisieren. In gewissem Sinne tat ich das aber. Indem ich mich an Jesus erinnerte (und ihn an mich), beschwor ich seinen Namen nicht etwa wie ein Zauberwort. Ich hatte, so glaube ich, eine Art mystische Verbindung mit ihm, die schwer zu begreifen und unmöglich zu erklären ist. Doch hauptsächlich bewirkte dieses Gebet folgendes: Es rief mir all das ins Gedächtnis, was ich von Gott wußte und glaubte, und verlieh ihm Ausdruck in dem grenzenlosen und kurzen Namen: »Jesus.« Ich hätte damals nicht die Energie oder Konzentration besessen, diesen Vorgang zu beschreiben, doch als ich hörte, wie meine Stimme seinen Namen als Gebet aussprach, wurde ich getröstet, nicht nur, weil er mich hörte, sondern weil ich ihn hörte. In seinem Namen. Dieser

Name erinnerte mich an das Wesen des Einen, dem ich zuvor mein Leben anvertraut hatte.

Heute wie damals höre ich die Stimme Gottes, wenn ich an Jesus denke. Wenn ich an Jesus denke, sagt mir die Stimme Gottes beispielsweise, daß man sich ihm nähern kann. Er ist ans Licht getreten und hat sich offenbart. Wir können ihn kennenlernen. Was mich erstaunt, ist die Tatsache, daß die vollkommene Offenbarung des Wesens Gottes nicht eine großartige Demonstration war, die das Universum ausfüllte. Für diese letzte Enthüllung seines Wesens begab sich Gott in die Hülle des Menschseins. Der Schöpfergott wuchs in der Gebärmutter Marias, seiner Mutter. Der allwissende Gott gewann an Weisheit und Größe, als Kind, als Jugendlicher, als Erwachsener. Der souveräne Gott wurde mißverstanden, verworfen und abgelehnt. Der majestätische Gott litt in Erniedrigung. Das irdische Leben, das der ewige Gott für sich erwählte, dauerte weniger als halb so lange wie das meines Vaters.

Ein allwissender Gott, dem keine Grenzen gesetzt sind, könnte mich auch ohne solche Erfahrungen vollkommen verstehen; aber ich weiß, ich fühle es, daß er mich wegen dieser Erfahrungen versteht.

Wenn ich sehe, wie weit er in seiner Liebe ging, weil er mich erreichen wollte, weiß ich, daß nun ich ihn erreichen kann. Keiner ist von seiner Zuwendung ausgeschlossen. Prostituierte, Verräter, Ausgestoßene, wild Besessene finden sich nun Seite an Seite mit aufrichtigen Frommen und ehrlichen Bürgern. Der Glaube stellt uns auf die gleiche Stufe.

Wenn ich also den Namen Jesu nenne oder wenn ich ihn höre, stelle ich mir vor, daß Gott sich selbst offenbart und mich einlädt, ihn kennenzulernen. Und doch läßt dieser Name nicht nur an Offenbarung denken, er erinnert auch an Rätsel, denn wenn ich an Jesus denke, sagt mir Gottes Stimme, daß er nicht notwendigerweise erwartet, von mir verstanden zu werden.

Wenn ich also den Namen Jesu nenne oder ihn höre, sehe ich neben einem Gott der Offenbarung auch einen Gott des Geheimnisses. Wenn ich zu diesem Gott bete, besonders in Zeiten der

Not und Verzweiflung, heißt das, daß ich beides in ihm sehe: einen Gott der Geheimnisse und Rätsel und einen Gott, der seine Absichten und Pläne offenbart.

Es mag Gottes Wunsch sein, sich zu offenbaren, aber er weiß, daß wir die Wahrheit womöglich ungern hören oder unfähig sind, sie zu begreifen. Ich kann die Evangelien nicht lesen, ohne die Begrenzungen der Sprache, des Verstandes, des Gefühls und ganz gewiß die Grenzen des Glaubens zu spüren. Jesus klingt enttäuscht, wenn er die Begriffsstutzigkeit seiner Freunde kritisiert. Die Jünger nahmen zum Beispiel seine wiederholten Anspielungen auf seinen Tod und seine Auferstehung nicht auf; es scheint, als hätten sie gehört, was sie gerne hören wollten oder was sie aufzunehmen in der Lage waren. Sie begriffen, daß Jesus mit Vollmacht redete, aber das bedeutete noch nicht, daß sie immer die Aussage seiner Botschaft verstanden. So scheint es, daß es selbst Jesus nicht immer gelang, jeden seiner Gedanken verständlich weiterzugeben; seine Zuhörer waren ganz einfach nicht in der Lage, alles aufzunehmen.

Ich finde es jedoch sehr erstaunlich, daß es Jesus oft gar nichts auszumachen schien, wenn er mißverstanden wurde. Als Kind lernte ich in der Sonntagsschule, daß Jesus Gleichnisse erzählte, damit die Zuhörer seine Gedanken besser verstanden. Als ich etwas älter wurde, entdeckte ich, daß er Gleichnisse erzählte, um verstockte Gemüter zu verwirren (Matthäus 13, 13.14). Er blieb selbst dann unerschütterlich, als seine symbolische Anspielung auf das Essen seines Fleisches und Trinken seines Blutes von einigen Zuhörern als Kannibalismus oder ähnliches mißverstanden wurde (Johannes 6). Und in der Nacht seiner Verhandlung weigerte er sich sogar, mit Herodes zu sprechen (Lukas 23, 8.9).

Jesus sagte: »Ich ... will aussprechen, was verborgen war vom Anfang der Welt an« (Matthäus 13, 35).

Er sagte auch: »Ich preise dich, Vater, Herr des Himmels und der Erde, weil du dies den Weisen und Klugen verborgen hast und hast es den Unmündigen offenbart. Ja, Vater; denn so hat es dir wohlgefallen« (Matthäus 11, 25.26).

Warum hat Jesus damals so viele Wunder gewirkt und hält sich unserer Erfahrung nach heute viel mehr damit zurück? Es ist nicht nur eine Frage des Glaubens. Oft versagt uns das Leben, was der Glaube in Anspruch nehmen würde.

Es ist nicht, daß ich Gottes Macht in Frage stelle, Wunder zu vollbringen, aber ich mache die Beobachtung: Den Unwürdigen geht es oft besser als den Unschuldigen.

Daß Jesus auch nur ein Wunder vollbracht hat, zeigt, daß er sich allen Umständen überlegen erweist. Daß er uns auch nur ein Wunder vorenthält, zeigt, daß seine Absichten oft im Dunkel bleiben. Das ist verwirrend und widersprüchlich; ich sehne mich nach einer Erklärung. Doch die Widersprüche sind Absicht, und ich vertraue dem, in dessen Hand dieses Geheimnis liegt. Der Glaube lindert vielleicht nicht die Bürde des Leidens, aber der Glaube sagt mir: Auch wenn Gottes Absicht nicht mit meinen Wünschen übereinstimmt, ist es doch eine bewußte Absicht und keine Laune.

Jesus sagte: »In der Welt habt ihr Angst; aber seid getrost, ich habe die Welt überwunden« (Johannes 16, 33). In dieser Aussage liegt Geheimnis; aber sie wurde ganz bewußt so formuliert.

Wenn ich an Jesus denke, sagt mir Gottes Stimme, daß er für mich da ist, selbst wenn mir alles unklar erscheint. Gestern las ich diese Worte Jesu und war bewegt von dem uneingeschränkten Versprechen: »Ich will euch nicht als Waisen zurücklassen.« In diesem Zusammenhang versprach er uns einen anderen Tröster, den Heiligen Geist, der uns nie verlassen würde (Johannes 14). Aber nehmen wir diese Aussage einmal ganz wörtlich und bedenken wir, was sie über das Wesen Gottes aussagt. In unseren dunkelsten Zeiten, wenn wir vor Sorge und Schmerz Gott nicht mehr verstehen können, was ist das mindeste, das uns Gottes Stimme mitteilt? Unsere Fragen mögen weiterhin unbeantwortet, Widersprüche weiterhin unaufgelöst bleiben, aber Gott sagt: »Ich will euch nicht als Waisen zurücklassen.«

Und wenn das einzige Gebet, das wir zuwege bringen, der einfache, zweisilbige Name »Jesus« sein sollte, wird all das, was Jesu Wesen ausmacht, uns zur Antwort werden.

Denn der Geist erforscht alle Dinge, auch die Tiefen
der Gottheit. ... Der natürliche Mensch aber ver-
nimmt nichts vom Geist Gottes; es ist ihm eine Tor-
heit, und er kann es nicht erkennen; denn es muß
geistlich beurteilt werden.
1. Korinther 2, 10.14

9. Der Geist:
Der Vermittler in uns

Während ich dies schreibe, beginnen in Südflorida gerade die Hilfsmaßnahmen und Aufräumungsarbeiten, nachdem der Hurrikan Andrew erst vor einer Woche große Verwüstungen angerichtet hat. Die heutige Zeitungsausgabe beschreibt das Leid, aber auch die Entschlossenheit der Bevölkerung, die nun nach Schäden in Milliardenhöhe vor einem Neubeginn steht. Unter den 180 000 Menschen, die ihr Heim verloren haben, sprach eine Familie stellvertretend für viele. An der Ruine ihres Hauses in Homestead, Florida, schrieben sie die verzweifelte Bitte: »Bitte vergeßt uns nicht, wir sind noch am Leben.«

Ist das nicht auch sehr oft unser Schrei zu Gott, den wir auf das Banner unseres erschlafften Glaubens geschrieben haben: »Bitte vergiß uns nicht, wir sind noch am Leben«? Wo bleibt die tröstliche Stimme Gottes, wenn die Wogen über uns zusammenschlagen?

Neben dem oben genannten Bericht auf der Titelseite lese ich von ethnischen Auseinandersetzungen in Bosnien. Eine einzige Granate explodiert am Sonntagmorgen auf dem Marktplatz der Hauptstadt und tötet fünfzehn Menschen, unzählige andere werden verletzt. Vor kurzem angestrengte Friedensinitiativen werden damit zunichte gemacht.

Schon die Titelseite gibt uns ein realistisches Bild vom Leben auf unserem gequälten Planeten. Wir lesen, daß Hilfsgüter für Somalia auf dem Schwarzmarkt verschwinden, daß Streitkräfte des Irak einen Angriff gegen schiitische Rebellen planen, von Arbeitslosigkeit und wirtschaftlichen Problemen.

Ein Tag vergeht, und die Schlagzeilen ändern sich. Aber die Grundstimmung bleibt die gleiche. Menschliches Leid gab es früher und wird es auch in der Zukunft geben. Und die Stimme Gottes wird immer schwächer.

»Ich will euch nicht als Waisen zurücklassen«, hat Jesus gesagt. Aber wie soll das geschehen? Wie können wir Gottes Stimme hören?

Um die Mittagszeit setze ich mich allein an einen Tisch in einem Restaurant in der Nähe meines Büros. Ohne bewußt zu lauschen, werde ich Zeuge von leidvollen familiären Entwicklungen. Am Tisch hinter mir sitzen Menschen, deren Ehe in die Brüche geht. Zu meiner Linken überlegen eine Mutter und ihre erwachsene Tochter, wie sie mit dem alkoholsüchtigen, gewalttätigen Vater umgehen sollen.

Was bedeutet in solchen Streßsituationen, die uns die klare Sicht vernebeln, die Zusage Christi, uns nicht als Waisen zurückzulassen?

Diese Frage stellt sich nicht nur bei dramatischen Ereignissen, sondern auch in ganz alltäglichen Lebenssituationen, die uns zermürben. Vor ein paar Stunden rief mich meine erst kürzlich verwitwete Mutter an, um mir ihr Leid zu klagen. Ein Wasserhahn an der Außenmauer ist abgebrochen. Das Wasser spritzt aus dem Rohr. Sie sucht nach dem Absperrventil, das sich natürlich nicht von Hand drehen läßt. Ein hilfsbereiter Nachbar kommt mit einem Rohrschlüssel und dreht nicht die Wasser-, sondern die Gasleitung ab. Er korrigiert seinen Fehler, aber nun müssen die Kontrollampen wieder angestellt werden. Meine Mutter, die den Nachbarn nicht noch mehr beanspruchen will, schickt ihn heim; sie wird schon mit ein paar Kontrollampen fertigwerden. Doch wie hat Derrell wohl die Bodenheizung angemacht? Und erst nachdem der Heißwasserboiler stundenlang nur eiskaltes Wasser liefert, merkt sie, daß noch ein weiteres Gerät nicht funktioniert. Es vergeht ein Tag, bis ein Angestellter der Gaswerke kommt und den Durchlauferhitzer wieder in Gang bringt. Dabei läßt er meine Mutter wissen, daß eine selbstgebastelte Vorrichtung meines Vaters nicht funktioniert; sie behindert die Luftzirkulation um das Gerät.

Das sind keine tiefgehenden Erschütterungen, aber sie stehen stellvertretend für den unangenehmen Kleinkram des Alltags, mit dem man sich häufig nach einem Verlust herumschlagen muß und der sehr leicht zur Belastung wird. Schon die bloße Monotonie der kleinen alltäglichen Unannehmlichkeiten genügt, um Jesu verheißenen Trost fern und schwer faßbar erscheinen zu lassen.

Wo ist die Stimme Gottes in den tumultartigen Wechselfällen unseres Lebens?

Ich schreibe von schwierigen Situationen, mit denen ich konfrontiert war – Krankheit, Trauer und Verwirrung –, und ich sage Ihnen, daß ich die Nähe Gottes gespürt habe. Das stimmt auch. Doch ich habe seine Nähe nicht immer gespürt; auch ich kenne den inneren Unmut über sein Schweigen. Und überhaupt weiß ich nicht, welche Probleme vielleicht schon morgen auf mich zukommen. Ich kenne die Zukunft nicht, und die Vergangenheit hat mich skeptisch gemacht gegenüber jenen, die mir als Belohnung für einen unerschütterlichen Glauben ein angenehmes und ruhiges Leben versprechen.

Und doch hat uns Jesus Frieden und Trost in den schwierigsten Umständen und den dunkelsten Erfahrungen zugesagt.

»Ich will euch nicht als Waisen zurücklassen«, sagte er.

Diese bemerkenswerten Worte sagte Jesus zu seinen Freunden nur wenige Stunden, bevor er selbst den verzweifelten Schrei ausstieß: »Mein Gott, mein Gott, warum hast du mich verlassen?«

»Ich will euch nicht als Waisen zurücklassen.« Ist das nicht genau das Gefühl, dem er weniger als vierundzwanzig Stunden später am Kreuz Ausdruck verlieh, das Gefühl, allein und verwaist im Universum zurückgelassen zu sein?

Jesus gab seinen Freunden diese Zusage, weil er wußte, daß sie solchen Trost bald brauchen würden. Ich bin jedoch davon überzeugt, daß Jesus auch wußte, daß seine Freunde diesen Trost nicht immer spüren würden, selbst wenn er ihnen zur Verfügung stünde.

Jesus selbst veranschaulichte diese Ironie. In derselben Nacht, in der er seinen Freunden solchen Trost versprach, sagte er auch: »Siehe, es kommt die Stunde und ist schon gekommen, daß ihr zerstreut werdet, ein jeder in das Seine, und mich allein laßt. Aber ich bin nicht allein, denn der Vater ist bei mir« (Johannes 16, 32). Das war die Quelle seines Trostes: Der Vater würde ihn nicht verlassen. Innerhalb weniger Stunden änderten sich jedoch die Umstände und damit auch seine Gefühle. Und er rief in Todesnot: »Mein Gott, mein Gott, warum hast du mich verlassen?«

Hinter diesen widersprüchlichen Aussagen steht natürlich ein tiefes theologisches Geheimnis: »Der Vater ist bei mir« und: »Mein Gott, mein Gott, warum hast du mich verlassen?« Ich möchte nicht die unvorstellbaren – und einzigartigen – Todesqualen Jesu abschwächen, der selbst ohne Sünde starb und dabei das Gewicht unserer Sündenlast trug. Ich möchte vielmehr unser Augenmerk darauf lenken, daß Christus die widersprüchlichen Gefühle versteht, die das Leben mit sich bringt; er selbst hat sie durchlitten.

Wie Jesus sehnen wir uns nach dem Trost des Vaters, und er wird uns zuteil; doch wie Jesus selbst haben wir auch manchmal mit Gefühlen des Verlassenseins zu kämpfen. Gott erscheint uns fern, obwohl er nahe ist. Obwohl uns Gott nie verlassen wird, fühlen wir uns im Stich gelassen. Wir gehören zur Familie Gottes, und doch fühlen wir uns wie Waisen.

Jesus rief in seiner Not: »Mein Gott, mein Gott, warum hast du mich verlassen?« Er fragt nach dem »Warum«, aber er stellt die Frage persönlich und vertrauensvoll, nicht in Unglauben, der die Fäuste ballt.

»Mein Gott.«

»Mein Gott.«

Ich kämpfe oft mit erstickenden Zweifeln. Ich hinterfrage die Absicht Gottes. Und doch klammere ich mich an die vertrauensvolle Aussage. In den schlimmsten Erfahrungen, in den schrecklichsten Umständen meines Lebens bleibt er:

»Mein Gott.«

»Mein Gott.«

Ich verbinde Vertrauen und »Zugehörigkeit« mit der Dunkelheit von Angst und Schmerz, weil uns Verheißung Gottes genau auf diese Weise gegeben wurde. »Ich will euch nicht als Waisen zurücklassen«, sagte Jesus zu seinen Jüngern, während er ihnen von bevorstehenden Zeiten der tiefsten Dunkelheit berichtete.

In seinen letzten Stunden vor seiner Gefangennahme spricht Jesus davon, daß er verraten und verleugnet wird, von seinem Tod und seinem zukünftigen Leben über den Tod hinaus. Er sagt seinen Freunden, daß sie mit Haß, Verfolgung und Unruhe rechnen müssen, und doch gibt er das Gebot, einander zu lieben, verspricht ihnen Frieden, Trost und sogar Freude.

Vergegenwärtigen Sie sich einmal die letzten Stunden Jesu vor seinem Tod. Stellen Sie sich vor, Sie gehörten zum Kreis seiner engsten Freunde. Hören Sie ganz bewußt auf die Worte, die er Ihnen anscheinend zum Abschied sagt. Spüren Sie die Angst, die sich in Ihnen ausbreitet, das Gefühl der Enge in der Brust, die Sorge, die ihre Gedanken lähmt? Sie können kaum seinen Worten folgen, so sehr hat die Angst und Verwirrung sie gefangengenommen. Doch sie klammern sich an bestimmte Worte, die Sie wie durch einen dichten Nebel erreichen – Sie halten sich krampfhaft daran fest.

»Ich will euch nicht als Waisen zurücklassen.«

»Ich will euch nicht als Waisen zurücklassen.«

So lautete sein Versprechen. Wie sollte das geschehen? Und was sagt uns das über die Stimme Gottes?

Halten Sie sich noch einmal Jesu letzte Nacht mit seinen Freunden vor Augen – mit Ihnen. Während der Abend fortschreitet, verstärkt sich Ihre schlimme Vorahnung. Jesus unterbricht das Abendessen, um davon zu sprechen, daß ihn einer verraten wird. Er weist das Treueversprechen von Petrus zurück: »Du willst dein Leben für mich lassen? Wahrlich, wahrlich, ich sage dir: Der Hahn wird nicht krähen, bis du mich dreimal verleugnet hast«

(Johannes 13, 38). Dagegen klingen die nächsten Worte überaus tröstlich: »Euer Herz erschrecke nicht!« (14, 1). Den ganzen Abend lang redet er wiederholt vom Tod, und obwohl man kaum behaupten kann, daß seine Worte in irgendeiner Weise morbide klingen, spüren Sie bereits einen Anflug von Trauer. Er sagt: »Ich will den Vater bitten, und er wird euch einen andern Tröster geben, daß er bei euch sei in Ewigkeit: den Geist der Wahrheit« (14, 16.17). Aber Sie wollen keinen anderen Tröster, Sie wollen ihn!

Er spricht von Frieden und Trost, aber es ist so schwer, gute Nachrichten aufzunehmen, wenn Ihnen die schlechten noch in den Ohren klingen.

Schließlich drückt er sich noch deutlicher aus: »Doch weil ich zu euch geredet habe, ist euer Herz voll Trauer. Aber ich sage euch die Wahrheit: Es ist gut für euch, daß ich weggehe. Denn wenn ich nicht weggehe, kommt der Tröster nicht zu euch. Wenn ich aber gehe, will ich ihn zu euch senden« (16, 6.7).

Immer wieder einmal bin ich, wenn ich in der Bibel lese, überwältigt von der Stimme Gottes. So auch jetzt: »Es ist gut für euch, daß ich weggehe.« Was konnte an Jesu Fortgehen gut sein?

Ich habe mir oft vorgestellt, wie es wäre, Jesus als engen Freund zu haben. Selbst Menschen, die sich nicht als »Christen« bezeichnen, sind von Jesus beeindruckt. Und das aus gutem Grund. Denken Sie an das, was er gesagt hat, wie er war. Seine Lehre setzte die moralischen Maßstäbe so hoch wie nie zuvor. Er strahlte eine unbesiegbare Güte aus, die auch Kinder anzog und den Leidenden ihre Befangenheit nahm. Resolut trat er dem Tod entgegen, mit einer Entschlossenheit, die ihn über das Geschehnis hinaushob, das wie sein endgültiges Scheitern aussah, sich jedoch als seinen größten Triumph erwies.

Was kann es Besseres geben, als die Freundschaft, die die Jünger mit Jesus verband? Was könnte besser sein, als ihn zu kennen, mit ihm zu gehen, mit ihm zu essen? Was könnte besser sein, als sich durch die Menschenmenge zu drängen, um ihm eine dringende Frage zu stellen oder sich nach seiner heilenden Berührung auszustrecken?

Was könnte besser sein, als Gott selbst bei sich zu haben?
Was könnte noch besser sein?
So, daß alles Fragen aufhörte?
Gott *in* mir zu haben.
Das ist es, was Jesus uns verheißen hat. Das war die Quelle des
Trostes, die er uns versprochen hat. Das war seine Absicht, näm-
lich die Stimme Gottes in den, der an ihn glaubt, hineinzupflan-
zen.

»Ich will den Vater bitten, und er wird euch einen andern Tröster geben, daß er bei euch sei in Ewigkeit: den Geist der Wahrheit, den die Welt nicht empfangen kann, denn sie sieht ihn nicht
und kennt ihn nicht. Ihr kennt ihn, denn er bleibt bei euch und
wird in euch sein. Ich will euch nicht als Waisen zurücklassen; ich
komme zu euch. An jenem Tag werdet ihr erkennen, daß ich in
meinem Vater bin und ihr in mir und ich in euch« (14, 16-18;
20).

Christus konnte so kühn behaupten: »Ich will euch nicht als
Waisen zurücklassen«, weil es seine Absicht war, uns nicht »Gott-
los« zu lassen.

Nehmen wir einmal an, daß dies der Wahrheit entspricht,
genauso, wie Jesus es gesagt hat. Wir, die wir Gott vertrauen,
beherbergen in uns Gott selbst; sein Geist lebt jetzt in uns. Gott
macht sich uns verständlich, tut seinen Willen kund, teilt uns
seine Liebe mit. Erfahren wir das Leben so wie wir es erwarten
würden, wenn Gott tatsächlich in uns wohnt?

Wenn Gott sich uns tatsächlich mitteilt, seinen Willen zum Ausdruck bringt und uns seine Liebe erweist, würden wir dann erwarten, daß er so enttäuschend still ist? Wenn Gott in uns lebte, und
wir das mit Sicherheit wüßten, würde sich seine Stimme nicht
über unsere Verwirrung, Zweifel und Schmerzen erheben? Würde
sie sich nicht mit unmißverständlicher Deutlichkeit bemerkbar
machen und die Undurchsichtigkeit menschlicher Erfahrung in
die richtige Perspektive rücken?

Würde seine Stimme nicht inmitten der Rätselhaftigkeit unseres
Lebens wie Feuer brennen? Würde sie nicht alle Menschenweisheit bis in die Grundfesten erschüttern? Würde sie nicht mit der

Kraft eines Wirbelsturms durch unser Leben stürmen und alle Widersprüchlichkeiten dabei einebnen?

Wenn Gott in uns lebte, würde seine Stimme sich nicht Gehör verschaffen über all die widersprüchlichen Stimmen unseres Lebens? Könnten wir je daran zweifeln, daß er in uns lebt, wenn er in uns lebt?

Was geschieht, wenn Sie ganz allein sind, und Sie haben Kummer, und die Spur eines Zweifels nagt an Ihrem Glauben, und Sie sind ganz allein mit Gott?

Der Prophet Elia erfuhr Gott in einer deutlichen Ausnahmesituation: einem der seltenen Wunder des Alten Testaments. Aber es vergingen gar nicht so viele Stunden, bevor ihn eine tiefe Depression und ernsthafter Zweifel befiel. Er brauchte Trost, wie nur Gott ihn geben kann. Als Zeichen der Ermutigung für ihn und, da bin ich sicher, auch für uns, zeigte Gott dort in der Wüste auf klare und unvergeßliche Weise, wie seine Stimme beschaffen ist. »Ein großer, starker Wind, der die Berge zerriß und die Felsen zerbrach, kam vor dem Herrn her; der Herr aber war nicht im Winde. Nach dem Wind aber kam ein Erdbeben; aber der Herr war nicht im Erdbeben. Und nach dem Erdbeben kam ein Feuer; aber der Herr war nicht im Feuer. Und nach dem Feuer kam ein stilles, sanftes Sausen« (1. Könige 19, 11.12).

Als Elia das sanfte Sausen hörte, wußte er, daß er die Stimme Gottes gehört hatte. Würde er das je vergessen können? Das Leben gebärdet sich laut und lärmend; Gott ist still. Gegenwärtig. Aber still.

Jesus hat versprochen, uns nicht als Waisen zurückzulassen. Dieses Versprechen erfüllt sich an Menschen, die glauben; sie beherbergen den Geist Gottes. Dieser selbe Geist, der in uns lebt, übermittelt uns die Stimme Gottes. Aber meistens flüstert er nur.

Wer hat des Herrn Sinn erkannt,
oder wer will ihn unterweisen?
Wir aber haben Christi Sinn.
1. Korinther 2, 16

10. Geistliche Erkenntnis:
Der Sinn Christi

Was heißt es, wenn wir sagen, daß Gott spricht, seine Stimme aber womöglich nur ein Flüstern bleibt? Oder wenn wir behaupten, daß Gott schweigt, sein Schweigen jedoch ein beredtes Schweigen ist?

Es heißt zumindest dies: Gott sind unsere Nöte nicht gleichgültig, er ist auch nicht abgeneigt, mit uns zu reden. Er sagt vielleicht nicht das, was wir hören wollen. Er schweigt vielleicht zu bestimmten Themen, die uns berühren. Er übertönt vielleicht nicht die Zerstreuungen des Lebens. Er löst nicht jeden Widerspruch auf oder entschlüsselt jedes Rätsel.

Wir erleben vielleicht, daß er schweigt.

Aber er hat geredet.

In der Stimme Gottes gibt es so viel mehr zu hören, als die meisten von uns je aufnehmen. Es wird uns mehr übermittelt, als die meisten von uns empfangen.

Wir können uns ganz auf das Schweigen Gottes konzentrieren – auf das, was nicht zu uns durchdringt. Oder wir können auf das Flüstern Gottes lauschen, die Sprache Gottes lernen und über jene Rätsel Gottes staunen, die für die, die Ohren haben zu hören, nun zu offenen Geheimnissen geworden sind.

Sören Kierkegaard, der dänische Philosoph und Theologe, hatte eine ungewöhnliche Methode, Gedanken zu verarbeiten und seinen Vorstellungen Ausdruck zu verleihen. Seine Gleichnisse sind voll von geistreichen Gedanken und tiefen Einsichten. Ich möchte ihn an dieser Stelle einmal frei wiedergeben.

Ein Bauer vom Lande lief barfuß in die Stadt, um etwas Geld zu verdienen. Sein Aufenthalt in der Stadt war so einträglich, daß er sich zum ersten Mal ein paar Schuhe und Socken kaufen konnte, und er hatte auch noch genug Geld übrig, um dem Alkohol zuzusprechen. Gegen Abend war der betrunkene Bauer verständlicherweise ziemlich erschöpft. Auf dem Nachhauseweg schlief er mitten auf der Straße ein.

Später in der Nacht kam ein Pferdewagen vorbei. Als er den Betrunkenen auf der Straße liegen sah, brüllte der Fahrer: »Aus dem Weg, oder ich fahre über deine Beine!« Der betrunkene Bauer erwachte und sah auf seine Beine. Aber da er es nicht gewöhnt war, seine Füße mit Socken und Schuhen bekleidet zu sehen, erkannte er sie nicht und rief aus: »Fahr weiter, das sind nicht meine Beine!«

Kierkegaard stellt die Frage: »Wie kann man mit einem Menschen über das geistliche Leben sprechen, der sich noch nicht einmal seiner Seele bewußt ist?«

Manch einer von uns weiß wohl, daß er eine Seele hat, doch bis zu einem gewissen Grad ist sie uns fremd – wir sind unserem innersten Wesen entfremdet. Wie können wir also mit unserem wahren Selbst Verbindung aufnehmen? Wie können wir hören, was Gott bereits sagt?

Ich halte mich nicht für einen Flugzeugevangelisten, aber gelegentlich ergeben sich auf meinen Reisen doch Gespräche, die über Oberflächliches hinausgehen. Vor ein paar Jahren wurde ich in ein solches Gespräch verwickelt, noch bevor wir vom Dulles International Airport in Washington gestartet waren. Das Gespräch kam ganz natürlich und ungezwungen auf geistliche Dinge, bevor die 727 sich von der Startbahn erhob. Es zog sich über mehrere Stunden hin, bis das Fahrwerk wieder auf der Landebahn unseres Zielortes aufsetzte.

Diana war ein Mädchen Anfang zwanzig und hatte ein freundliches, ausgeglichenes Wesen. (Ich sage bewußt »Mädchen« statt »Frau«, weil sie so jugendlich auf mich wirkte.) Während unserer gesamten Unterhaltung stahl sich immer wieder ein anscheinend vergnügtes Lächeln auf ihre Lippen. Aber Diana war 2400 Kilometer von ihrem einundzwanzig Monate alten Sohn getrennt, den sie unehelich zur Welt gebracht hatte. Das Baby wuchs bei ihren Eltern auf, mit denen sie überhaupt nicht gut auskam. Der Vater des Kindes, der weder an einem schwangeren Mädchen, einer jungen Mutter oder seiner Verantwortung als Vater interessiert war, hatte sich mit der lapidaren Begründung, er liebe sie nicht mehr, aus dem Staub gemacht. Diana arbeitete hart, sie versuchte, genug Geld zu verdienen, um ihr Kind zurückzuholen und es selbst aufzuziehen, aber das Warten fiel ihr schwer. In der Zwischenzeit trank sie zuviel und suchte die Freundschaft zu Menschen, die nicht in der Lage waren, ihr die Hilfe zu geben, die sie am dringendsten benötigte.

Ihre Suche nach sich selbst und nach Anerkennung bei anderen hatte sie in die Arme eines Versagers nach dem anderen getrieben, die sie allesamt nur ausnutzten. Sie flüchtete sich in Drogenkonsum, um ihr Gefühl der Wertlosigkeit zu betäuben. Doch in ihrem Hinterkopf geisterte zwei Jahre lang immer das quälende Bild ihrer Eltern, die ihr Kind aufzogen.

Diana befand sich auf dem Heimflug nach einem Besuch bei ihren Eltern und ihrem kleinen Sohn. Sie hoffte, daß sie in nicht allzuferner Zeit in der Lage sein würde, ihre Verantwortung selbst wahrzunehmen. Aber sie war nicht bereit, mit den negativen Einflüssen zu brechen, die sie so heruntergezogen hatten.

Zwei Stunden lang sprachen wir über Gott. Wir sprachen von seiner Liebe, der Aussicht auf Vergebung und einen Neubeginn, und auch darüber, daß sie professionelle Hilfe in Anspruch nehmen könnte, um ihre gute Absicht in eine dauerhafte Veränderung ihres Lebens zu verwandeln. Als wir von Christus sprachen, merkte ich, daß dies tief in ihrem Inneren etwas berührte, vielleicht die Erinnerung an ein Kindheitserlebnis. Doch obwohl sie der Glaube anzuziehen schien, tobte in ihrem Innern ein offenkundiger Konflikt von unterschiedlichen Werten, Vorstellungen und Bindungen. Eine Veränderung kann so schwer sein, wenn das Leben so offensichtlich schreit und Gott nur flüstert.

Ich ging die Gangway hinunter und begab mich in die Halle, in der man das Gepäck abholen konnte. Dabei gingen mir zwei Gedanken nicht aus dem Sinn. Ich staunte darüber, wie der Glaube mein Leben verändert hatte – wie ich neue Lebens- und Denkmuster entwickelt hatte. Das wurde mir bewußt, als ich zu Diana von meinem Glauben sprach und meine Erfahrung mit ihrer verglich. Wie leicht hätte auch mein Leben ganz anders verlaufen können. Der Glaube hatte mich ein Gedankengut gelehrt, das im Gegensatz zur allgemeinen Meinung stand. Und obwohl Dianas Denken auf eine herzzerreißende Weise verzerrt war, sind doch die Wertvorstellungen, die zu ihren zerstörerischen Lebensmustern geführt hatten, Werte, die in unserer Kultur weit verbreitet sind – in diesem Fall vielleicht übertrieben, aber eben doch weit verbreitet.

Die andere Beobachtung ging mir stundenlang nicht aus dem Kopf. Noch Wochen später beschäftigten sich meine Gedanken damit. Und aus diesem Grunde erinnere ich mich auch jetzt, so viele Monate später, so deutlich an diese Begebenheit. Diana hielt einen Großteil der Bibel für wahr und trat bis an die Schwelle einer neuen Lebensperspektive, konnte dann aber doch nicht den letzten Schritt tun. Sie erkannte, daß ihr Verhalten selbstzerstörerisch war; sie sah die Liebe und Weisheit Christi. Sie konnte sich jedoch nicht dazu bringen, die Konsequenz aus diesem Wissen zu ziehen, es im Glauben zu verinnerlichen.

Diese Erfahrung ist nicht neu, so frustrierend sie sein mag. Ich habe sie viele Male so erlebt. Aber sie erinnert mich wieder daran, wie schwer es uns fällt, uns von all dem, das uns so ablenken will, lange genug fernzuhalten, um zu bedenken, daß wir eine Seele haben, die unserer Aufmerksamkeit bedarf.

Wenn ich mir jetzt diese Begegnung ins Gedächtnis rufe, wird mir auch klar, wie sehr ich in gewisser Weise dazu neige, genau so zu handeln. Wir fragen uns vielleicht, wie wir mit einem Menschen über geistliche Dinge reden sollen, dem es noch nicht einmal bewußt ist, daß er eine Seele hat. Aber wir, die wir anerkennen, daß es eine geistliche Wahrheit gibt, müssen uns fragen, warum wir Gottes Stimme, so leise sie auch sein mag, so wenig Aufmerksamkeit schenken. Ich behaupte, daß ich ein glaubender Mensch bin, ich glaube, daß Gott geredet hat, aber was mache ich mit der Information, die ich gehört habe und hören muß?

Ich habe, als ich Christ wurde, nicht die volle Tragweite dieses Geschehens erfaßt. Ich hatte die Freiheit der Vergebung gefunden. Ich wußte, daß Christus irgendwie in der Person des Heiligen Geistes in meine Erfahrungswelt, mein Leben gekommen war. Ich hatte diese Worte gehört und akzeptiert; ihre Bedeutung wird mir erst allmählich jetzt, so viele Jahre später, bewußt. Ich vermag kaum ihre Tragweite zu erfassen. Es ist ein Mysterium; aber ein Mysterium, das ein offenes Geheimnis geworden ist.

Als der Apostel Paulus die Konsequenzen des Glaubens begriff, wurde sein Leben umgekrempelt – in einem ganz positiven Sinn. Sein Leben bekam eine neue Zielrichtung. Gott hatte gesprochen; er hatte sich in Christus offenbart, und Paulus fühlte sich gedrängt, die Tiefen dieses Geheimnisses auszuloten und es mit allen zu teilen, die ihm begegneten, »damit ihre Herzen gestärkt und zusammengefügt werden in der Liebe und zu allem Reichtum an Gewißheit und Verständnis, zu erkennen das Geheimnis Gottes, das Christus ist, in welchem verborgen liegen alle Schätze der Weisheit und der Erkenntnis« (Kolosser 2, 2.3).

Ist es möglich, daß Gott ein Rätsel in ein offenes Geheimnis verwandelt und wir es nicht bemerken? Könnte es sein, daß die Schätze der Weisheit und der Erkenntnis in Christus offenbart sind, wir aber nicht in die Tiefe gehen, um den ganzen Reichtum an Gewißheit und Verständnis zu bergen? Ist es möglich, daß Gott uns tiefe Geheimnisse seines Willens, seiner Wege und seines Wesens offenbart, wir aber nur an der Oberfläche der Erkenntnis kratzen? Könnte es sein, daß Gott gesprochen hat, aber wir haben ihn nicht gehört?

Hier noch ein weiteres Gleichnis des Philosophen.

Stellen Sie sich einmal einen Kapitän vor, der alle schriftlichen Prüfungen mit großem Erfolg hinter sich gebracht hat, der aber noch nicht zur See gefahren ist. Wie würde er reagieren, wenn er zum ersten Mal in einen Sturm gerät? Er weiß, was in den Lehrbüchern steht, aber er hat noch nie versucht, in einer bewölkten Nacht zu navigieren. Er hat auch noch nicht versucht, ein Schiff zu steuern, dessen Steuerrad für die aufgewühlte See zum Spielzeug geworden ist. Er war auch noch nicht in einer Situation, wo er in Sekundenschnelle Entscheidungen fällen mußte, während das Schiff wie ein Korken von den riesigen Wellen hin- und hergeworfen wird. Der unerfahrene Kapitän hat keine Ahnung, was es bedeutet, die erlernten Kenntnisse praktisch anzuwenden.

Und Kierkegaard stellt die Frage: »Wie gehen wir mit den Fakten um, die wir lernen?«

Kommen wir wieder auf den Apostel Paulus zurück und die Rätsel, die nun offene Geheimnisse sind. Aus dem Gefängnis schreibt er einen Brief an die Gemeinde in Ephesus. Seine Freunde dort machen sich Sorgen, weil er in Ketten liegt, aber er möchte ihnen begreiflich machen, wie unbedeutend die Nöte des Lebens werden können, wenn man weiß, daß man die Stimme Gottes gehört hat.

»Daran könnt ihr, wenn ihr's lest, meine Einsicht in das Geheimnis Christi erkennen. Dies war in früheren Zeiten den Menschenkindern nicht kundgemacht, wie es jetzt offenbart ist seinen heiligen Aposteln und Propheten durch den Geist« (Epheser 3, 4.5).

Das Geheimnis, erklärt er, besteht darin, daß Gott etwas ganz Neuartiges in der Welt tut. Alte Schranken, wie Rasse, gesellschaftliche Stellung und Geschlecht wurden niedergerissen, als Gott »einen Leib« schuf, die Gemeinde. So wertvoll der einzelne Mensch auch sein mag, ist Gott doch auf geheimnisvolle Weise an einer besonderen Gruppe von Menschen am Werk, der Gemeinde. So viele Gaben ein einzelner haben, so tiefe Erkenntnisse er besitzen mag, hat Gott doch beschlossen, sich zu zeigen und seine Stimme hören zu lassen, wenn verschiedene Menschen in der Gemeinde zusammenkommen. Der Wille Gottes, seine Wege und sein Wesen haben ein Ausmaß, das er nicht so sehr dem einzelnen, sondern der ganzen Gemeinde offenbaren und verständlich machen will.

Paulus spricht vom geheimen Ratschluß Gottes, »der von Ewigkeit her verborgen war in ihm, der alles geschaffen hat«. Und er sagt den Christen in Ephesus, wie auch uns, daß es Gottes Absicht sei, daß »jetzt kund werde die mannigfaltige Weisheit Gottes den Mächten und Gewalten im Himmel durch die Gemeinde. Diesen ewigen Vorsatz hat Gott ausgeführt in Christus Jesus, unserm Herrn, durch den wir Freimut und Zugang haben in aller Zuversicht durch den Glauben an ihn« (3, 9-12).

Es fällt uns heutigen, individualistischen Christen im Westen recht schwer, die Bedeutung von Gemeinschaft zu verstehen – der Gemeinschaft der Gläubigen – oder die Gemeinde in rechter Weise zu schätzen.

Aber nun halten wir uns einmal folgendes vor Augen: Nach dem Tod Jesu stand den Gläubigen ja nur das Alte Testament zur Verfügung. Sie hatten sich zerstreut und waren völlig verwirrt. Jetzt ließ Gottes Stimme andere Absichten vernehmen, die sich aus der Erfüllung der alttestamentlichen Schriften ergaben und den neuen Dingen, die er in der Welt tat. Wie sollten solche Rätsel ohne eine vollständige Bibel zu offenen Geheimnissen werden? Einzelne Menschen würden als Gemeinde zusammenkommen und von den Aposteln und Propheten und auch voneinander lernen, während der Geist Gottes auf geheimnisvolle Weise in ihnen allen wirkte. Erst später würden diese neuen Erkenntnisse in Schriften niedergelegt werden, die wir als das Neue Testament kennen.

Jesus hatte diese innere Not vorausgesehen und versprochen, seinen Jüngern, die die Grundlagen der Kirche legen würden, »den Geist der Wahrheit« zu senden (Johannes 14, 17). Er versprach ihnen: »Der Tröster, der heilige Geist, den mein Vater senden wird in meinem Namen, der wird euch alles lehren und euch an alles erinnern, was ich euch gesagt habe« (14, 26).

»Ich habe euch noch viel zu sagen; aber ihr könnt es jetzt nicht ertragen. Wenn aber jener, der Geist der Wahrheit, kommen wird, wird er euch in alle Wahrheit leiten. Denn er wird nicht aus sich selber reden; sondern was er hören wird, das wird er reden, und was zukünftig ist, wird er euch verkündigen« (16, 12.13).

Jahre später – das Neue Testament war noch immer nicht abgeschlossen –, als eine falsche Lehre in die Gemeinde eindrang, erwähnt Johannes eine geheimnisvolle »Salbung« von Gott. Da sie diese Erfahrung gemacht oder diese Gabe empfangen hatten, wurden die Gläubigen von Gott selbst gelehrt. Sie brauchten sich nicht täuschen oder von der Wahrheit abbringen zu lassen. Sie hatten in sich selbst die Fähigkeit, den Geist der Wahrheit und den Geist der Lüge zu unterscheiden (1. Johannes 2, 26- 27).

Paulus meint wohl etwas Ähnliches, wenn er schreibt: »›Was kein Auge gesehen hat und kein Ohr gehört hat und in keines Menschen Herz gekommen ist, was Gott bereitet hat denen, die ihn lieben.‹ Uns aber hat es Gott offenbart durch seinen Geist.« Dann stellt er die rhetorische Frage: »›Wer hat des Herrn Sinn erkannt, oder wer will ihn unterweisen?‹« Die unausgesprochene Antwort lautet natürlich: Keiner. »Wir aber«, fährt Paulus fort, »haben Christi Sinn« (1. Korinther 2, 9.10.16).

Das ist eine bemerkenswerte Behauptung.

Wir haben die Stimme Gottes gehört.

Wir haben den Sinn Christi.

Und Petrus schreibt: »Um so fester haben wir das prophetische Wort, und ihr tut gut daran, daß ihr darauf achtet als auf ein Licht, das da scheint an einem dunklen Ort, bis der Tag anbreche und der Morgenstern aufgehe in euren Herzen. Und das sollt ihr vor allem wissen, daß keine Weissagung in der Schrift eine Sache eigener Auslegung ist. Denn es ist noch nie eine Weissagung aus menschlichem Willen hervorgebracht worden, sondern getrieben von dem heiligen Geist haben Menschen im Namen Gottes geredet« (2. Petrus 1, 19-21).

Gibt es also eine Diskrepanz zwischen diesen Verheißungen und dem tatsächlichen Ausmaß unserer Erleuchtung? Während wir uns nach Belieben in das Gespräch ein- und wieder ausklinken, redet Gott geduldig weiter mit uns. Sind wir zu fasziniert von den Zerstreuungen des Lebens, als daß wir unsere ungeteilte Aufmerksamkeit auf die Stimme Gottes richten?

Ich staune, wieviel Energie uns unser Leben kostet. Das Leben stellt Anforderungen, und diese Anforderungen lenken uns ab. Es wäre ein Leichtes, die Spanne eines ganzen Lebens irgendwie zu bestehen, ohne überhaupt einmal anzufangen zu leben. Es wäre ein Leichtes, die Erfahrung, am Leben zu sein, zu vergeuden und nie auch nur einen Gedanken daran zu verschwenden, was wirklich wichtig ist.

Um die Stimme Gottes zu vernehmen, müssen wir eine Entscheidung treffen. Wir müssen uns ganz bewußt den Ablenkungen und Zerstreuungen entziehen und unser Augenmerk auf das Wesentliche richten.

»Ihr seid meine Freunde«, sagt Jesus, »wenn ihr tut, was ich euch gebiete. Ich sage hinfort nicht, daß ihr Knechte seid; denn ein Knecht weiß nicht, was sein Herr tut. Euch aber habe ich gesagt, daß ihr Freunde seid; denn alles, was ich von meinem Vater gehört habe, habe ich euch kundgetan« (Johannes 15, 14.15).

Wenn ich diese Worte lese, drängen sich mir Fragen auf.

Kann ich mich überhaupt einen Freund Christi nennen? Tue ich, was er mir gebietet? Bin ich sicher, daß ich diese Gebote kenne? Habe ich seine Stimme gehört? Ist mir sein Anliegen wichtig? Setze ich alles daran, zu erfahren, worin dieses Anliegen besteht?

Ich finde die Aussage Jesu bemerkenswert: »Alles, was ich von meinem Vater gehört habe, habe ich euch kundgetan.« Sollte dieser Satz nicht eine unstillbare Neugier hervorrufen? Wenn wir das glauben würden, wenn wir sicher wären, daß Gott durch Jesus gesprochen hat und uns durch seinen Geist seinen Willen kundgetan hat, würden wir dann zulassen, daß irgend jemand oder irgend etwas unsere Aufmerksamkeit von dieser Botschaft ablenkt?

Aber wir lassen uns ablenken.

Nur zu gern.

Ich lasse noch einmal den Philosophen zu Wort kommen.

Wenn eine Schulklasse eine Stunde Zeit bekommt, um einen Aufsatz zu schreiben, und ein Schüler seinen Aufsatz fertig hat, bevor die Stunde um ist, wird er doch nicht dafür bestraft! Seine Aufgabe bestand darin, einen Aufsatz zu verfassen, nicht nur die Zeit zu nutzen.

Was aber, wenn die Aufgabe hieße, die Zeit zu nutzen? Wenn einer die Aufgabe bekommt, einen ganzen Tag sinnvoll zu nutzen, er sich aber schon am Vormittag langweilt und ablenken läßt und so das innere Gleichgewicht des Tages zerstört, dann ist sein Arbeitstempo wertlos.

Dasselbe gilt, wenn das ganze Leben unsere Aufgabe ist. Wenn wir mit dem Leben fertig sind, bevor das Leben mit uns fertig ist, haben wir unsere Aufgabe verfehlt.

Und Kierkegaard stellt die Frage: »Werden wir je mit der Aufgabe fertig, unseren Charakter zu entwickeln?«

Wenn ich an diesen Zeittest, unser Leben, denke, fällt mir ein anderes Mysterium ein, das zu einem offenen Geheimnis geworden ist.

»Siehe, ich sage euch ein Geheimnis: Wir werden nicht alle entschlafen, wir werden aber alle verwandelt werden; und das plötzlich, in einem Augenblick, zur Zeit der letzten Posaune. Denn es wird die Posaune erschallen, und die Toten werden auferstehen unverweslich, und wir werden verwandelt werden« (1. Korinther 15, 51.52).

Dieser Zeittest Leben, mit all seinen Zerstreuungen, ist zeitlich begrenzt. Aber das ist nicht alles. Letztendlich ist alles, was wirklich wichtig ist, in der Stimme Gottes enthalten. Ich könnte den Gedanken nicht ertragen, daß ich mein Leben vergeude, mich allen möglichen Zerstreuungen zuwende, statt alles daran zu setzen, jede Nuance dieser Stimme zu vernehmen.

Ich möchte, daß es in meinem Leben eine deutliche Zäsur gibt, ein dramatisches Vorher und Nachher, einen geistlichen Wendepunkt. Damit meine ich nicht einfach nur ein »Bekehrungserlebnis«. Ich wünsche mir eine neue Sichtweise, eine neue Wertigkeitsskala, ein neues System, das meine Gedanken beherrscht und meine Gefühle lenkt. Ich möchte, daß mein Glaube meine Sicht der Dinge bestimmt. Ich möchte wirklich und wahrhaftig Christ sein.

Jahrelang habe ich mich mit meinen Fragen beschäftigt. Das soll sich jetzt ändern. Ich möchte auf Gottes Antworten hören, selbst, wenn sie nichts mit meinen Fragen zu tun haben.

Ich habe zugelassen, daß ich von den Zerstreuungen und Sorgen des Lebens abgelenkt werde – von Dingen, die ich womöglich früher oder später als unwesentlich erkenne. Ich möchte, daß mein Leben von Gottes Gedanken und den Prioritäten Christi erfüllt ist.

Ich habe an meinem menschlichen Standpunkt festgehalten und auf unsere fehlbare Menschenweisheit gebaut. Nun sehne ich mich nach einer göttlichen Sichtweise.

Am Premierenabend einer neuen Komödienproduktion brach hinter der Bühne ein Feuer aus. Ein Clown erkannte die Gefahr und trat vor den Vorhang, um das Publikum zu warnen.

Die Leute klatschten Beifall.

Der Clown wiederholte seine Warnung noch eindringlicher. Jetzt stand er mitten auf der Bühne, fuchtelte mit den Armen, seine Augen vor Furcht weit aufgerissen.

Das Publikum tobte. Pfiffe und Rufe ertönten. Raues Gelächter. Noch nie hatte man dergleichen gesehen!

Und ich glaube, daß die Welt ebenso enden wird. Die Menschheit wird in donnernden Applaus ausbrechen, eine Zugabe fordern und glauben, es handele sich nur um einen weiteren Spaß.

Und Kierkegaard stellt die Frage: »Was geschieht, wenn wir versuchen, die Welt zu warnen?«

Und ich frage: Was geschieht, wenn ich versuche, mich selbst zu warnen?

Laßt das Wort Christi reichlich unter euch wohnen:
lehrt und ermahnt einander in aller Weisheit;
mit Psalmen, Lobgesängen und geistlichen Liedern
singt Gott dankbar in euren Herzen.
Kolosser 3, 16

11. Die Gemeinde:
Die Wahrheit in Liebe verkündigen

Ich habe Gott nicht auf eigene Faust gefunden. Seine Stimme hat nicht aus dem Himmel gedonnert, noch sich leise und unmerklich in meiner Seele verständlich gemacht. Es ereignete sich nichts Übernatürliches.

Ich habe Gott durch Menschen des Glaubens gefunden. Ich habe seine Stimme gehört, weil andere mir sein Wort weitergaben. Seine Rätsel wurden offene Geheimnisse, als andere, die sie kannten, sie mir nahebrachten. Ich habe gelernt, weil ich gelehrt wurde.

Ja, Gottes Geist hat mich mit diesen Gedanken bekanntgemacht. Aber in den meisten Fällen wurden mir solche geistlichen Erkenntnisse durch andere Menschen vermittelt. Gott hat, so scheint es, beschlossen, daß meine geistliche Erfahrung und die Ihre zueinander in Beziehung stehen.

Aber der Glaube beinhaltet sogar eine noch faszinierendere Wechselbeziehung von Menschen. Glauben heißt nicht nur, daß wir einander unsere Erfahrungen mitteilen, er ist auch ein Vermächtnis. Ich höre heute die Stimme Gottes, und ich kann glauben, weil vor vielen hundert Jahren Abraham Gott gehorchte und eine Nation ins Leben gerufen wurde, aus der Segen für alle Nationen hervorgehen sollte. Mose gehorchte der Stimme Gottes und gebot den hebräischen Familien, ihren Kindern und Kindeskindern von den Geboten Gottes zu erzählen und so das Handeln Gottes durch mündliche Überlieferung weiterzugeben. Die Propheten redeten, als sie von Gott dazu aufgefordert wurden. Die Apostel schrieben Briefe, als Gottes Geist ihnen den Anstoß dazu gab. Kluge und zuverlässige Christen erspürten, was schriftlich festgehalten, verteilt, mitgeteilt, übersetzt und gelehrt werden sollte. Von einer Generation zur anderen waren gläubige Menschen Sprachrohr für die Stimme Gottes, von Haus zu Haus, von Stadt zu Stadt und um die ganze Welt.

Schulen wurden gegründet, Kirchen errichtet, Bücher geschrieben. Die Stimme Gottes zu vernehmen und den Sinn Christi zu verstehen, ist nicht nur private Angelegenheit des einzelnen. Es ist das gemeinsame Verlangen der Gemeinschaft der Gläubigen. Es ist und war schon immer die Leidenschaft der Gemeinde.

Meine Erfahrungen mit der Kirche waren jedoch nicht immer so erhebend. Ich ging das erstemal als Kind in eine Gemeinde, weil Leute in unserer Straße versuchten, in unserem Vorort von Los Angeles eine Gemeinde zu gründen. Wir kamen zur Sonntagsschule und zum Gottesdienst in ihrer Einfahrt, ihrer Garage, ihrem Wohnzimmer oder ihrer Küche zusammen, wo immer sich Platz für ein paar weitere Klappstühle fand.

Welche geistliche Erkenntnis erwuchs mir aus diesem Erleben? Ich erinnere mich an den Anwesenheits-Zug. Wenn man zum ersten Mal erschien, erhielt man ein buntes Bild auf stabilem Karton, das man an die Wand hängen konnte. Darauf war ein Bahngleis abgebildet. An jedem darauffolgenden Sonntag erhielt man jeweils einen Waggon, den man auf die Schienen kleben konnte. Ich war nicht im Gottesdienst, als sie die Lokomotive austeilten, und war danach so enttäuscht, daß ich überhaupt nicht mehr hinging.

Ein paar Jahre später gingen wir in eine »richtige« Kirche, in der sogar eine Orgel stand. Auch diese Erfahrung hinterließ einen bleibenden Eindruck. Ich ging an diesem Sonntag nach Hause, holte mein Akkordeon hervor und versuchte, die feierliche Orgelmusik nachzuahmen, indem ich wahllos auf die Tasten drückte und das Instrument heftig auseinanderzog.

Erst in der dritten Kirche begann ich zu begreifen, was es mit der Religiosität der Amerikaner tatsächlich auf sich zu haben schien. Ich mochte meinen Sonntagsschullehrer. Er ist einer der ersten Christen, an die ich mich erinnere, und er verkörperte alles, was ich von einem religiösen Menschen erwartete: Er war gütig, freundlich und interessant. Ich war bestürzt, als er nicht mehr in die Kirche kam, und Gerüchte an meine naiven Ohren drangen, daß er »untreu« gewesen war und seine Frau und Kinder wegen einer anderen Frau verlassen hatte.

Ich ging mit Unterbrechungen jahrelang in diese Kirche, aber es fiel mir immer leichter, dort Heuchelei zu entdecken als wahren Glauben, was allerdings mehr über mich aussagt als über die Kirche. In dieser Gemeinde wurde die Scheinheiligkeit für mich durch einen reizbaren alten Mann symbolisiert, der fromme Reden hielt, aber immer versuchte, eine leitende Rolle in der Gemeinde zu spielen.

Er leitete des öfteren den musikalischen Teil des sonntäglichen Abendgottesdienstes und erzählte zwischendurch immer wieder, wie die einzelnen Hymnen entstanden waren. Das fand ich immer etwas übertrieben; ich konnte nicht begreifen, warum die Gemeinde diesen Mann so gewähren ließ, der doch so oft wegen seines hitzigen Temperaments Anstoß erregte.

An einem Sonntagabend trat er auf das Podium, kündigte das Lied »Amazing Grace« an, und bevor der Pianist die einleitenden Akkorde gespielt hatte, sagte er: »Habe ich euch schon mal erzählt, wie diese großartige Hymne entstanden ist?«

Eine untersetzte ältere Dame unterbrach ihn, und ihre Stimme klang erbittert. »Ja«, entgegnete sie, und sprach dabei für uns alle, »schon reichlich oft.«

Diese Kirche mag nicht gerade ein fruchtbarer Boden gewesen sein, auf dem die Saat des Glaubens aufgehen konnte, doch Gott scheint es zu gefallen, das Unerwartete durch ziemlich unmögliche Mittel zu erreichen. In dieser Gemeinde wurde ich bewußt Christ, lernte die großen Lieder des Glaubens auswendig, lernte, was es bedeutet, Christus zu dienen, entdeckte, daß die Bibel nicht langweilig sein muß, und entschloß mich, Gott mit meinem Leben zu dienen.

Wodurch wurde das bewirkt? Drei oder vier aufrechte Christen, die mir mit einer solchen Freundlichkeit und Güte entgegenkamen, wie ich es mir von Jesus vorstellte. Es war ihr Leben, das mich auf ihre Worte neugierig machte, und diese Worte waren dann nicht nur ihre eigenen, sondern die Worte Christi.

In dieser Kirche hörte ich, durch Menschen mit offensichtlichen Schwächen, wie ich selbst einer war, die Stimme Gottes.

Im College engagierte ich mich dann an anderer Stelle und änderte aus diesem Grund meine Kirchenmitgliedschaft. Meine neue Kirche, die gesamte Denomination, wie sich herausstellte, legte großen Wert auf ein ausführliches Bibelstudium. Meiner Ansicht nach wurden gewisse Details nicht immer richtig ausgelegt.

Ich besuchte einen Bibelstudienkurs für neue Mitglieder und war baß erstaunt, als ein wohlmeinender Herr, der keine Ahnung von der griechischen Sprache hatte, dem griechischen Neuen Testament bemerkenswerte Aussagen entnahm – die man als äußerst umstrittene Bedeutungsnuancen bezeichnen könnte. In meinem ersten Griechischkurs warnte uns der Professor: »Es gibt nichts Gefährlicheres auf der Kanzel als ein Griechischstudent im ersten Studienjahr.« Meiner Erfahrung nach wird diese Gefahr erst im Laufe der Jahre geringer.

Ich möchte nicht übermäßig kritisch klingen. Ich habe große Achtung vor dem Eifer, den diese Kirche und ihre Denomination für die Bibel an den Tag legt. Doch werden die spezifischen Lehrmeinungen und besonderen Bibelinterpretationen der verschiedenen Denominationen sehr häufig der Bibel selbst gleichgestellt.

Diese Kirche hatte einen Wahlspruch, der mich, obwohl ich die dahinterstehende Haltung achte, immer an ein melodramatisches Gerichtsdrama im Fernsehen erinnerte: »Die Bibel, die ganze Bibel und nichts als die Bibel.« Als Theologiestudent arbeitete ich im Bildungsbereich dieser Denomination und war verantwortlich für die Vorbereitung von Lehrmaterial, das in einer Reihe über die Geschichte und die besonderen Merkmale dieser Denomination eingesetzt werden sollte. Als Einführung ins Thema entwarf ich zwei Plakate. Auf einem stand der obengenannte Wahlspruch, auf dem anderen ein Motto, das ich als die logische Folge des ersten verstand und für das leidenschaftliche Ziel dieser Kirche hielt. Es hieß:»Die Bibel an erster Stelle. Die historische Bedeutung der Kirche an zweiter.«

Ein verärgerter Pastor, der diese Materialien erhielt, schrieb mir umgehend einen Brief, in dem er seine Bestürzung darüber zum Ausdruck brachte, daß ich eine solche Unterscheidung getroffen hatte.»Wenn ich unsere historische Bedeutung nicht für biblisch halten würde, wäre ich kein Mitglied dieser Kirche!«

Diese Begebenheit schildert, glaube ich, sehr anschaulich das Problem der Kirche und die Gefahr, die darin liegt, wenn die Stimme Gottes uns fehlbaren und begrenzten menschlichen Wesen anvertraut wird. Ich habe gesagt, daß ich durch Menschen des Glaubens Gott gefunden habe. Ich habe aber auch viele kennengelernt, die sich aus dem gleichen Grund von Gott fernhalten. Sie finden unsere widersprüchlichen Überzeugungen verwirrend. Sie finden unsere Intoleranz gegenüber unterschiedlichen Standpunkten widerlich. Schlimm genug, daß wir untereinander so uneins sind; müssen wir auf andere auch noch unangenehm wirken?

Zu dieser Zeit begann ich, eine ganz neue Sichtweise zu entwickeln. Wo ich früher Auslegungen oder Lehrmeinungen als entweder biblisch oder unbiblisch einstufte, spielte ich jetzt mit einer dritten Möglichkeit: biblischer als die Bibel. War es möglich, daß wir in unserem Eifer, die Schrift zu verstehen – und ihre Wahrheit gegen den Irrtum zu verteidigen –, unsere eigenen Auslegungsmuster so hoch ansetzten, daß sie die Wahrheit überschatteten, die wir doch erklären wollten? Hatten unsere konfessionellen Besonderheiten und Traditionen eine Bedeutung erlangt, die allein der Schrift zukam?

Mir schien es nicht so, als würde die Bibel jede Lehre gleichermaßen deutlich darlegen. Gab es in der Schrift nicht feine Zwischentöne, die gewissenhafte und kluge Menschen unterschiedlich interpretierten? Wie weit sollten wir in unserem Wunsch gehen, die Bibel zu verstehen?

Es scheint mir, daß die Logik uns möglicherweise weiterführt als die klaren Aussagen der Schrift. Wenn die Logik unserer theologischen Lehrsysteme beginnt, die Lücken zu füllen, die die Geheimnisse und Unvereinbarkeiten der Bibel offenlassen, befinden wir uns auf gefährlichem Boden.

Und es gibt Unvereinbarkeiten und Geheimnisse.

Was uns nicht überraschen sollte.

Die Schrift selbst hat uns gewarnt, daß wir an die Grenzen unseres eigenen Denkens stoßen, wenn wir Gott verstehen wollen.

Denn meine Gedanken sind nicht eure Gedanken,
und eure Wege sind nicht meine Wege, spricht der Herr,
sondern so viel der Himmel höher ist als die Erde,
so sind auch meine Wege höher als eure Wege
und meine Gedanken als eure Gedanken.
Jesaja 55, 8.9

O welch eine Tiefe des Reichtums, beides, der Weisheit
und der Erkenntnis Gottes! Wie unbegreiflich sind seine
Gerichte und unerforschlich seine Wege!
Denn »wer hat des Herrn Sinn erkannt,
oder wer ist sein Ratgeber gewesen?«
Römer 11, 33.34

Ich möchte nicht versuchen, Gott unabhängig von der Erkenntnis der Kirche zu verstehen, aber ich möchte auch nicht, daß irgendein von Menschen erdachtes theologisches System der Schrift eine Klarheit aufzwingt, wo diese Klarheit ganz offenkundig zu fehlen scheint. Wenn ich Gott endlich in ein System gepreßt habe, und mich in mein eigenes System oder meine spezifische Glaubensrichtung zurückziehe, und meine anderen Glaubensgeschwister mit argwöhnischen Augen betrachte, bin ich mit ziemlicher Sicherheit im Irrtum.

Gott ist größer als meine Theologie. Zu seiner Familie gehören mehr Menschen als die Mitglieder meiner Glaubensrichtung.

Doch ist es nicht merkwürdig, daß es überhaupt möglich ist, daß Menschen des Glaubens zu unterschiedlichen Ansichten gelangen und sich in verschiedene Gruppierungen spalten? Wenn Gott die Absicht hatte, der Gemeinde seine Wahrheit anzuvertrauen, weshalb sollte er auch nur die Spur einer Zweideutigkeit, irgendeine andere Bedeutungsnuance zulassen?

Ich sage mir in diesem Augenblick, während ich schreibe, die Worte »das Schweigen Gottes« vor, und was kommt mir in den Sinn? Geheimnis. Denn nicht alle Rätsel des Lebens sind offene Geheimnisse geworden. Ich erlebe vielleicht, daß Gott schweigt, wenn ich leide und mir alles verworren erscheint. Es ist unwahrscheinlich, daß ich in meinem Schmerz ein persönliches Wort von Gott empfange, das mir die besonderen Umstände meiner negativen oder schwierigen Erfahrung erhellt. Ich leide, und Gott schweigt zu meinem Leiden.

Doch für mich hat das Schweigen Gottes noch eine andere Dimension. Gott spricht, doch selbst, wenn er seine Wahrheit kundtut, erscheint uns das manchmal unklar. Da wir das nicht aushalten, erdenken wir so viele Sichtweisen, wie es Denominationen gibt. Eine Überfülle von Meinungen. Wenn so viele widersprüchliche Stimmen für Gott sprechen, ohne daß er die falschen Auffassungen auf übernatürliche Weise berichtigt, mag es uns wohl schwerfallen, solchen Mißklang die »Stimme Gottes« zu nennen.

Gott hat gesprochen. Die Kirche hat die Botschaft weitergegeben. Aber in unseren unterschiedlichen menschlichen Deutungen hören wir so oft statt der Stimme Gottes sein Schweigen.

Es scheint tatsächlich merkwürdig, daß Gott seine Stimme, seine Wahrheit etwas so Schwachem und Zerbrechlichem wie der Kirche anvertraut. Gott wußte ja, daß er auf diese Weise mißverstanden und falsch dargestellt werden würde. Warum hat er also so gehandelt?

Das ist mir ein Rätsel.

Doch es gehört zum Wesen Gottes, ganz und gar auf schwache und zerbrechliche Gefäße zu bauen. Schließlich erschien Gott selbst in der Schwachheit eines menschlichen Körpers, der so leicht zerstört werden konnte. Und doch lag gerade in dieser Gebrochenheit seine Herrlichkeit, denn in ihr erwies sich die Macht Gottes.

Ist es wirklich so anders mit der Kirche?

Nahezu zweitausend Jahre sind seither verstrichen. Die Stimme Gottes wurde zuweilen zu den merkwürdigsten Ideologien verdreht. Verschiedene Bewegungen sind entstanden und wieder abgeebbt. Unterschiedliche Meinungen und persönliche Auseinandersetzungen haben die Christenheit zersplittert. Aber solche Meinungen und Verdrehungen können die Stimme Gottes nicht lange unterdrücken. Der Geist ist lebendig in der Kirche und will denen Einsicht und Erkenntnis schenken, die Ohren haben, in Demut zu hören.

Bei all unserer Verschiedenheit und all unseren Mißverständnissen mag es als Wunder erscheinen, daß überhaupt jemand glaubt.

Aber ist das nicht gerade der Punkt?

Scheint es Gott nicht gerade zu gefallen, das Unerwartete mit den ungewöhnlichsten Mitteln zu erreichen?

»Gott widersteht den Hochmütigen,
aber den Demütigen gibt er Gnade.«
... Naht euch zu Gott, so naht er sich zu euch.
Jakobus 4, 6.8

12. Ausblick:
Das Schweigen zum Reden bringen

Ein Mann lief in der Dämmerung am Strand entlang und fand einen Schlüssel. Er hob ihn auf und betrachtete ihn von allen Seiten. Sofort erkannte er, daß der Schlüssel aus reinem Gold gefertigt und mit Edelsteinen besetzt war. Dieser Schlüssel hatte sicher eine besondere Bedeutung und großen Wert.

Doch selbst dann, sagte er sich, dient er keinem praktischen Zweck. Was könnte er an diesem verlassenen Strand wohl öffnen?

Wieder drehte er den Schlüssel hin und her, und die untergehende Sonne spiegelte sich in den kostbaren Steinen. Dann merkte der Mann, daß die Sonne bereits tief am Horizont stand und die Nacht hereinbrach. Er schleuderte den Schlüssel in die Wellen und machte sich auf dem Heimweg. Dabei entging ihm, daß sich unmittelbar vor ihm eine riesige Tür am Nachthimmel befand.

Es gibt eine andere Welt, eine Realität, die neben unserer irdischen Realität besteht, eine geistliche Welt, die wir mit unseren begrenzten fünf Sinnen nicht erreichen können. Für die meisten von uns, vielleicht für alle, gibt es einen entscheidenden Augenblick, in dem diese geistlichen Realitäten ganz nahe sind. Eine im Glauben ausgestreckte Hand könnte den Schlüssel ergreifen, seine Bedeutung richtig einschätzen, ihn ins Schloß stecken, ihn umdrehen und die Tür öffnen. An diesem kritischen Augenblick der Entscheidung oder der Bewußtwerdung würde uns der Glaube über die Schwelle tragen, wenn wir es nur zulassen würden.

An diesem Wendepunkt werfen manche einen Blick in diese andere Welt, und die geistliche Wirklichkeit, die sie dort sehen, erhellt plötzlich alles, was im Leben wirklich zählt. Sie stehen an der Schwelle, blicken hinein und sehen das Leben, wie es wirklich sein kann. Welchen Wert hat, verglichen hiermit, all das, was vorher war? In demselben entscheidenden Augenblick wenden andere ihren Blick ab, weil sie das Leben nur so sehen können, wie es in ihrer Vorstellung ist oder war. Sie vertrauen allein auf ihre fünf Sinne und drehen sich daher um, wenden all dem ihren Rücken zu, was eines Tages von Bedeutung sein wird.

Ich dachte früher, daß es nur diesen einen entscheidenden, lebensverändernden Augenblick gäbe, in dem wir diese geistliche Realität entweder annehmen oder uns von ihr abwenden. Heute glaube ich, daß wir in jedem Augenblick unseres Lebens vor einer solchen Entscheidungssituation stehen, einer solchen Möglichkeit, die die gesamte Sicht unseres Lebens verändert. Die geistliche Wirklichkeit fordert mich auf, jedes Erlebnis, jeden Augenblick meines Lebens so zu leben, daß ich den Himmel im Blick habe. Jede Entscheidung im Glauben zu treffen, von dem Unsichtbaren geleitet. Jede Zufallsbegegnung als einen heiligen Augenblick zu erkennen. Vor dem Rätsel des Leidens zu stehen und doch auch darin Spuren zu entdecken von dem Erbarmen und der guten Absicht Gottes. Auch angesichts der Widersprüche und Unvereinbarkeiten, die meinen begrenzten Verstand verwirren, demütig auf Gottes größere Weisheit zu vertrauen. Mitten in den Zerstreuungen des Lebens stille zu werden und alles daranzusetzen, die Stimme Gottes zu hören.

Wenn ich das tue, lebe ich.

Aber woher rührt eine solche Erkenntnis?

In einem entfernten Land mit einer fremden Kultur und einer anderen Sprache erhielt ein Mann ein Geschenk. Sein Gastgeber zog ein kleines Büchlein aus dem Regal und händigte es dem Besucher ohne Worte aus. So war die Sitte in seinem Land.

Geschenke wurden ohne großes Aufheben und ganz zwanglos überreicht.

Aber der Besucher stand da und starrte seinen Gastgeber nur an und war entrüstet über dessen merkwürdige Kultur und Handlungsweise. Außerdem konnte er das Buch in der fremden Sprache gar nicht lesen. Er starrte in das Gesicht seines Gastgebers, dessen Augen seine Traurigkeit verrieten. Auch das verdroß den Fremden. So typisch melodramatisch, dachte er.

Doch der Gastgeber stand noch immer da, bekümmert, aber geduldig, und hielt das Buch in der ausgestreckten Hand. Schließlich nickte ihm der Fremde verlegen zu, entschuldigte sich und ging zur Tür hinaus. Der Gastgeber war verletzt, jedoch nicht überrascht, ging ebenfalls aus dem Haus und hinaus in die Straßen der Stadt und hielt dabei noch immer das zurückgewiesene Geschenk in der Hand.

Bald begegnete er einem anderen Fremden, dem er das Geschenk in gleicher Weise anbot. Dieser nahm es mit einer Geste der Dankbarkeit entgegen. Als er das Buch aufschlug, entdeckte er, daß es mit der Hand geschrieben war, aber in der unbekannten Sprache des anderen.

Während der Fremde neugierig in dem Buch blätterte, erhielt er merkwürdigerweise ein weiteres Geschenk: die Fähigkeit, das Buch zu lesen und zu verstehen. Während er das tat, merkte er, daß in dem Buch faszinierende Geheimnisse des Lebens enthalten waren – die Antworten auf seine unausgesprochenen Fragen.

Diese Geschichte könnte man leicht als bloßes Hirngespinst abtun, wenn einige von uns das nicht wirklich so erlebt hätten. Wir haben das Geschenk empfangen. Wir haben es an andere weitergegeben. Wir haben erlebt, daß frommes Gerede einen tiefen Sinn erhielt. Wir sind durch Worte verändert worden und haben miterlebt, daß auch andere durch Worte verwandelt wurden.

Gottes Stimme mag nicht zu hören sein, aber er hat gesprochen. Und die Worte, die wir im Glauben hören, werden uns nicht so lassen, wie wir einmal waren.

Ich habe von meiner Erfahrung mit Gottes Buch geschrieben

und bezeugt, daß es eine verwandelnde Kraft besitzt. Ich lese bloße Worte und merke, daß ich die Stimme Gottes vernehme. Ich gehorche diesem Buch und bekomme ein noch tieferes Verständnis für seine Bedeutung. Ich habe mich, zumindest bis zu einem gewissen Grade, durch die Geschichte, Kultur, Geographie und die Sprachen der Bibel hindurchgearbeitet. In dem Maße, wie ich diese Zusammenhänge besser verstanden habe, hat sich auch mein Verständnis für die biblischen Grundsätze vertieft. In der Bibel vernehme ich die Stimme Gottes. In der Bibel heftet sich mein Blick, manchmal regelrecht fasziniert, auf die Beschreibung seines Wesens – seines Werkes, seines Willens, seines Handelns – die sich in der Erfahrung einzelner und ganzer Völker niederschlagen. In der Bibel erlebe ich durch den Glauben, wie sich mein Leben verwandelt, meine Sichtweise verändert und mein Geist erneuert.

Der Gastgeber hat mir ein fremdartiges Geschenk gemacht, eine Offenbarung seiner Selbst und allem, was wirklich zählt, in einem Buch, dessen Autor er selbst ist. Ich habe das Geschenk angenommen, das Buch gelesen, und langsam beginne ich, es zu verstehen.

Würde ich an dieser Stelle aufhören, wäre das jedoch eine zu eingegrenzte Deutung dieses Geschenks und eine unehrliche Darstellung meines eigenen geistlichen Weges. Denn obwohl ich die Stimme Gottes in der Bibel vernehme, tiefschürfend und inhaltsschwer, und obwohl sie der Bezugspunkt und die Richterin für alle meine geistlichen Erfahrungen ist, gibt es doch noch mehr zu sagen über Gottes Selbstoffenbarung und sein anhaltendes Schweigen.

Gott spricht. Sicher, Gott spricht. Aber nicht, wie ich mit Ihnen oder Sie mit mir reden. Seine Stimme ist, so scheint es, viel indirekter, und das empfinden wir oft als frustrierend.

Israel schrie nach einem König. Warum? Weil Gott, im Gegensatz zu einem irdischen König, unsichtbar war und schwieg.

Als Bestätigung für die Existenz Gottes verweist die Bibel auf die Schöpfung und die Treue Gottes – was er geschaffen und wie er gehandelt hat. Warum? Weil man Gott selbst weder sehen noch

94

hören kann. Wenn wir ihn »sehen« wollen, müssen wir auf sein Handeln achten.

Gott fordert Menschen auf, an seiner Stelle zu reden; er redet normalerweise nicht durch direkte Begegnungen, wie er es beispielsweise bei Paulus tat. Warum? Weil Gott unsichtbar ist und schweigt.

Sicher, er sprach mit Mose »von Angesicht zu Angesicht, wie ein Mann mit seinem Freunde redet«; er hatte eine enge Beziehung zu Henoch; er offenbarte sich den Propheten in Träumen, Visionen und übernatürlichen Erscheinungen. Aber das waren Ausnahmen, nicht seine übliche Art des Umgangs mit Menschen. Wir sehen in Christus die höchste Offenbarung Gottes, denn schließlich enthüllte Gott sich ganz – das Wort wurde Fleisch –, doch er kehrte in den Himmel zurück und verbarg sich vor unseren Blicken. Er sandte den Geist, damit er in uns lebe und sein Wort erhelle, doch wenn ich bete, erhalte ich keine hörbare Antwort.

Wenn ich fassungslos vor dem Geheimnis des Leidens stehe, durchbricht keine göttliche Stimme die Stille mit tröstenden Worten.

Wenn ich mich nach Gemeinschaft mit Gott sehne, begegne ich ihm nicht mittels meiner fünf Sinne. Die Bibel erläutert Grundlagen und Prinzipien, sie veranschaulicht die Absicht und das Wesen Gottes, aber wenn ich diese Stimme in meinem Leben wirklich hören will, muß ich noch einen anderen Schritt tun. Ich muß die Stille zum Reden bringen. Oder vielmehr, ich muß mich selbst lehren, Gottes Stimme in seinem Schweigen zu vernehmen.

Ich muß den Schlüssel aufheben und die Tür aufschließen.

Ich muß das Geschenk annehmen, es öffnen und darin lesen.

Ich muß, wie Paulus es ausdrückt »im Glauben und nicht im Schauen« leben (2. Korinther 5, 7).

Indem die Bibel Glauben und Schauen in einen Gegensatz zueinander setzt, sagt sie damit nicht, daß Gott unnahbar sei, daß er nicht wahrgenommen oder erfahren werden kann. Man kann ihn »sehen«, nur nicht auf die übliche Weise. Man kann ihn »hören«, nur eben nicht mit unseren Ohren. Man kann ihn »fühlen«, aber nicht mit unseren menschlichen Händen. Neben unseren fünf Sinnen muß es eine geistliche Wahrnehmungsmöglichkeit geben. Ein anderes Sinnesorgan. Einen anderen Zugang zur Wahrheit.

Glauben.

»Ohne Glauben ist's unmöglich, Gott zu gefallen; denn wer zu Gott kommen will, der muß glauben, daß er ist und daß er denen, die ihn suchen, ihren Lohn gibt« (Hebräer 11, 6).

Was heißt das, ihn im Glauben zu suchen? Unter anderem heißt es, daß wir uns immer wieder bewußt machen müssen, daß Gott lebt und in jedem Augenblick unseres Lebens handelt. Wenn Gott das Unsichtbare wählt, wie er es getan hat, will ich durch den Glauben leben. Wenn Gott die Stille wählt, will ich dafür sorgen, daß ich zur Ruhe komme, damit ich ihn hören kann. Ich will über das nachsinnen, was mir meine Sinnesorgane vorenthalten. Ich will mein Herz mit dem füllen, was ich nicht mit meinen Augen sehen kann. Ich will meinen Geist mit dem füllen, was ich nicht mit meinen Ohren hören kann. Ich will meine Vorstellungskraft theologisch schulen.

Ich will mir vorstellen, daß Gott mir nahe ist. Ich will seine Arme um mich spüren. Hören, wie seine Stimme mich ermutigt. Das ist nicht so weit hergeholt, wie es zunächst scheinen mag.

Denken Sie einmal an Jesu Empfängnis. In der Gebärmutter der Jungfrau Maria, in diesem mikroskopischen Anfang, war nicht nur all das angelegt, was einmal den Menschen Jesus ausmachen würde, sondern auch all das, was an ihm göttlich war. Die gesamte Gottheit in einem winzigen Pünktchen.

In ähnlicher Weise lebt durch die Verheißung des Heiligen Geistes all das, was Gott ausmacht, in uns. Wir stellen uns oft vor, wie unermeßlich Gott ist. Er füllt das ganze Universum aus. Aber alles, was Gott ausmacht, ist auch in mir enthalten. Es ist unmöglich, mehr von Gott zu bekommen. Er ist nicht aufgeteilt und überall im unendlichen Weltraum verteilt. Er ist hier, alles, was sein Wesen ausmacht, ist in mir. In all seiner unbegrenzten Macht. In all seiner unbegreiflichen Weisheit. In seiner Liebe und seinem Erbarmen.

Das ist wahrhaft erstaunlich: Dieser Gott ist bereit, in mir zu wohnen!

Vergessen Sie einmal für einen Augenblick alles, was Sie je vom Glauben gehört oder gewußt haben, und fragen Sie sich: Wie wäre es, wenn Gott durch ein Wunder in mir leben könnte? In welcher Weise wäre das Leben dann anders? Sicher würde diese Tatsache alles verändern.

Und warum ist das nicht geschehen? Warum ist das Leben nicht so aufregend, wie man es erwarten könnte? Und wo ist die Stimme Gottes? Wie kann das Leben so normal sein, während Gott in uns Wohnung genommen hat?

Oder geht es etwa gerade um dieses »Normale«?

Könnte es sein, daß Gott beabsichtigt, dem Normalen, Alltäglichen einen ganz neuen Sinn zu verleihen? Ist es denkbar, daß Gott gegenwärtig ist und durch jede Erfahrung unseres Lebens zu uns spricht, und daß wir durch den Glauben sein Gesicht sehen und seine Stimme hören können? Ist es das, was wir damit meinen: das Schweigen zum Reden bringen?

Gestern abend saß ich mit meiner Frau am Küchentisch und sah in ihre Augen, als ein besorgter Ausdruck auf ihrem Gesicht erschien. Seit kurzem beschäftigen uns schwierige Probleme. Die Einzelheiten tun in diesem Augenblick nichts zur Sache. Als ich sie so ansah, empfand ich Mitleid mit ihr. Und ich liebte sie. Zwanzig Minuten später saßen wir im Wohnzimmer zusammen, und ich las eine witzige Kurzgeschichte des britischen Humoristen P. G. Wodehouse vor. Das Lachen meiner Frau klang wie Musik in meinen Ohren. Und ich liebte sie. Wir beschlossen unseren gemeinsamen Abend im oberen Stock, in intimer Vertrautheit. Und ich liebte sie.

Die unterschiedlichen Stimmungen des gestrigen Abends sind symbolisch für unsere Ehe. Es gab Zeiten großer Not und Tränen; es gab Freude und Lachen und Romantik. Wenn ich heute über dieses Geschenk unserer Beziehung nachdenke, bin ich berührt von der Gegenwart Gottes in unserer Ehe. Er ist in unserer Beziehung gegenwärtig, nicht nur, wenn wir etwas Geistliches lesen, nicht nur, wenn wir gemeinsam einen Dienst tun, nicht nur, wenn wir uns seiner Gnade bewußt oder in Anbetung versunken sind. Gott ist auch in ganz irdischen Dingen gegenwärtig, in jedem Augenblick. Er redet, wenn wir es hören wollen – er redet von seiner Güte, seiner Treue, seinem Herrsein über alle Umstände unseres Lebens, seinem Erbarmen, wenn wir leiden, seiner Freude über unseren Erfolg. Das Geschenk dieser Beziehung ist nicht nur ein Beispiel für Gottes Treue oder Gnade, er spricht durch dieses Geschenk, weil er mitten in ihm lebt.

Ich denke an einen Mann, der vor vielen Jahren Pastor in meiner kleinen Gemeinde war. Ich habe viele wunderbare Erinnerungen an ihn, aber hier möchte ich diese eine herausgreifen. Wir standen auf dem dunklen Parkplatz der Kirche zusammen, nachdem wir gerade eine Bibelstunde gehalten hatten. Die wenigen Teilnehmer waren bereits gegangen. Als wir eine Weile schweigend dagestanden hatten, sagte dieser Pastor, der auch mein Freund war: »Ein Mensch, der wahrhaft glaubt, könnte diese Stadt auf den Kopf stellen.« Als er das sagte, klang es nicht verrückt oder sensationsgierig; es klang einfach nur wahr. Und ich spürte, daß ich dieser eine Glaubende sein wollte. In dieser Begegnung vor so vielen Jahren hörte ich zwei Stimmen, denn Gott lebte in unserer Freundschaft an einem dunklen Abend in Whittier, Kalifornien, vor fast dreißig Jahren.

Nächste Woche werde ich einen anderen Freund in den Gerichtssaal begleiten. Ich werde ihm meine Liebe zeigen und ihn moralisch unterstützen, obwohl er eines Verbrechens schuldig ist. Heute weiß ich noch nicht, wie das Verfahren ausgehen wird. Aber ich sehe, wie ihn die Folgen seiner wiederholten kriminellen Handlungen langsam einholen. Und ich bin sicher, daß Gott durch diese Konsequenzen zu ihm spricht, durch den Verweis des Lebens selbst. Seine Erfahrungen bestätigen nicht nur die Aussagen der Bibel. Er kann in diesen Erfahrungen Gottes Stimme hören, wenn er die Gnade bekommt, zu hören, ohne sich gleich verteidigen zu müssen.

Gestern verbrachte ich den Nachmittag in einem Museum und war überwältigt von dem Werk eines modernen Künstlers. Sein Spiel mit Maßstab und Größe, Struktur und Licht erstaunte mich.

Sein Auge fürs Detail, die Vollkommenheit seiner Wiedergabe zog mich in den Bann. Ich spürte eine heilige Ruhe angesichts solcher Kunst, und ich betete den an, der dem Künstler diese Begabung verliehen hatte. Ein solches Empfinden hatte ich auch schon, wenn ich großartige Musik hörte, gute Literatur las oder einen außergewöhnlichen Film sah. Können Sie mir folgen, wenn ich sage, daß wir Gottes Stimme durch die Gabe der Kunst vernehmen können, daß sie seine Kreativität widerspiegelt, daß sie die Welt erhellt, die er geschaffen hat? So unvollkommen unsere Schöpfungen sein mögen, haben Sie nicht auch manchmal das Gefühl, daß Gott sie mit seiner eigenen Stimme inspiriert hat?

Ich beobachtete eine Sternschnuppe am Nachthimmel. Ich bewunderte den anmutigen Sprung eines Delphins. Ich staunte über das langsame, aber sichere Wachsen einer riesigen Rotbuche.

Die Schöpfung ist nicht nur ein vollendetes Kunstwerk, das fertig gerahmt im Universum hängt und ein Bild ist für die Eigenschaften unseres Gottes. Wenn wir die Natur beobachten, sehen wir dem göttlichen Künstler über die Schulter, der noch immer am Werk ist. In jedem neuen und erstaunlichen Pinselstrich, den jeder Augenblick unseres Lebens hervorbringt, redet Gott. Wenn wir die Natur mit einer so biblischen Sichtweise betrachten, ist das kein New-Age-Unsinn; wir achten vielmehr auf die Stimme Gottes, der durch all das spricht, was er geschaffen hat und noch immer schafft, und durch alles, was er durch sein mächtiges Wort erhält.

Oder, um es noch anders auszudrücken: Obwohl die Bibel Interpret und Maßstab für alle meine geistlichen Erfahrungen ist, ist sie nicht Gottes einzige Stimme. Seine Worte werden nicht allein durch die Schrift übermittelt. Er hat viele Möglichkeiten, sich Gehör zu verschaffen. Die Natur ist sein Sprachrohr, ebenso menschliche Beziehungen und Lebensumstände. Erfolg und Scheitern, Freude und Kummer, Kunst und Wissenschaft, Stern und Atom, die Wildnis und der Wind.

Wenn unser Verstand mit seinen Werken erfüllt ist, wenn unser Geist sein Handeln begreift, wenn unser Herz die Geheimnisse seiner Person anbetet, wenn wir sehen, wie er der Herr ist über

Geschichtsepochen und Millisekunden, dann kann seine Stimme in allem gehört werden.

Selbst in seinem Schweigen.

Und das ist der Schlüssel, den ich festhalte und wertachte.

Teil 3

Das Geheimnis Gottes

Es gehört zum Wesen des Glaubens,
mit dem Paradox zu leben

Auf viele unserer Fragen
werden wir nie eine Antwort erhalten.
Wie sollen wir die widersprüchlichen Vorstellungen
des Glaubens
und die Mißtöne des Lebens
miteinander in Einklang bringen?

Der Herr verzögert nicht die Verheißung, wie es einige
für eine Verzögerung halten;
sondern er hat Geduld mit euch.
2. Petrus 3, 9

Werft euer Vertrauen nicht weg ... Denn
»nur noch eine kleine Weile, so wird kommen, der da
kommen soll, und wird nicht lange ausbleiben.
Mein Gerechter aber wird aus Glauben leben.«
Hebräer 10, 35. 37.38

13. Teilantworten:
Mit dem Mißklang leben

Als ich im ländlichen Mittelwesten Theologie studierte, mieteten
meine Frau und ich die Hauptwohnung eines Hauses, das einmal
nur ein Sommerhaus gewesen war. Ein junger alleinstehender
Mann mietete die Kellerwohnung. Wenn Sie jetzt an »dünne
Wände« und »hohe Geräuschempfindlichkeit« denken, wissen Sie
genau, was ich meine. Weil wir wußten, daß wir im Wohnzimmer
auf unserem abgenutzten Sofa sitzen und die Unterhaltung unseres Nachbarn und seiner Freundin mitverfolgen konnten, lernten
wir rasch, uns leiser zu verhalten und lautere Aktivitäten, wie
Musikhören oder Klavierspielen, auf die Zeiten zu verlegen, wenn
der andere nicht im Haus war. Das war nicht schwer, denn man
konnte leicht hören, wenn er das Haus verließ.
  So glaubte ich jedenfalls.
  Ich war sicher, daß er und seine Freundin an einem herrlichen
Abend Ende Oktober ausgegangen waren, und entschloß mich,
eine Arbeitspause einzulegen. Ich hatte den ganzen Tag griechi-
sche Verben bestimmt, hebräische Vokale gelernt und über die

Spitzfindigkeiten einer bestimmten calvinistischen Lehrmeinung nachgedacht. Nun ging ich zur Stereoanlage, legte eine Aufnahme von Bachs »Toccata und Fuge in d-moll« auf, drehte am Lautstärkeregler und hörte ungefähr neun Minuten und zehn Sekunden lang Orgelmusik in voller Lautstärke. Die dünnen Wände erzitterten, die Fensterläden klapperten, mein Brustkorb vibrierte, und ich hatte das Gefühl, daß die enorme Anspannung einer ganzen Woche aus meinem erschöpften Körper und überbeanspruchten Gehirn entwich. Neun Minuten lang bewegte sich dieses unglaubliche Musikstück auf seinen Höhepunkt zu. Aber in der kurzen Pause, unmittelbar bevor die letzten dissonanten Takte sich in einen beeindruckenden d-moll-Akkord auflösten, hörte ich, wie die Tür der unteren Wohnung zugeschlagen wurde. Ein rascher, nervöser Blick aus dem Fenster bestätigte meine Befürchtung: Der Nachbar und seine Freundin waren nicht heimgekommen, sondern waren gerade dabei, das Haus zu *verlassen*.

Die Spannung der letzten Woche, die erst kurz vorher von mir abgefallen war, holte mich nun wieder ein, als ich zur Haustür hinausstürzte, um mich zu entschuldigen. Mein Nachbar hatte schnell seine Fassung wiedergewonnen und brachte ein fast überzeugendes »Kein Problem« hervor. Aber seine Freundin, die offenbar immer noch unter Schock stand, stammelte etwas weniger überzeugend: »Ich hab mich gefühlt wie in einem Horrorfilm!« Ich wußte nicht, ob ich lachen oder ihr mein Beileid aussprechen sollte. So lächelte ich nur schwach.

Ich habe gehört, daß Prediger unsere verworrene Zeit mit einem dissonanten Orgelakkord verglichen, der es kaum erwarten kann, am Ende der Zeit und bei Anbruch der Ewigkeit aufgelöst zu werden. Nun, wenn ich mir dieses Predigtbeispiel vor Augen halte, vergleiche ich es mit dem wahren Leben. Doch in meiner aufgeklärten Vorstellung wird dieser dissonante Akkord, der auf seine Auflösung zustrebt, der die Nerven bis zum Äußersten anspannt und die Haare zu Berge stehen läßt, ganz unterschiedlich gehört: mit meinen Ohren und denen meines Nachbarn. Und weil das so ist, gibt es auch zwei Ansichten über diese Musik –

denn das, was bei einem Menschen die Spannung abbaut, dient dazu, in einem anderen Spannung zu erzeugen.

Ich bin sicher, daß die Überraschungen der Ewigkeit mir recht geben. Für die, die den Komponist des Lebens nicht kennen, mag die Musik wie ein unheimlicher, alles erschütternder Mißklang erscheinen. Andere, die den Komponisten kennen und sein Werk achten, haben vielleicht eine Ahnung davon, wo sein Thema hinführt, trotz der Drehungen und Wendungen, die es auf diesem Weg macht.

Und dann sehe ich dieses Predigtbeispiel von dem dissonanten Akkord noch in einem anderen Licht, weil es für mich auch immer in einem witzigen Zusammenhang stehen wird. Ich sehe noch immer den verstörten Gesichtsausdruck der jungen Frau. Diese spaßige Dimension macht das Beispiel um so eindrücklicher.

Ich will unsere Schmerzen und Probleme hier nicht herunterspielen, aber ich bin davon überzeugt, daß wir, wenn Gott das Stück schließlich vollendet und die Klänge der Ewigkeit den Mißklang der Zeit übertönen, nicht mit langen und ernsten Gesichtern, verwirrt und durcheinander herumstehen werden. Manche vielleicht, aber nicht alle. Ich kann mir richtig vorstellen, wie sich ein kollektives Lächeln auf die Menge der erleichterten Gesichter stiehlt. Ich vermute auch, daß es ein stilles nachdenkliches Kopfnicken geben wird, wenn wir im Rückblick die Absicht Gottes in so manchen Rätseln dieses Lebens erkennen, als wollten wir sagen: »Ach, so war die Musik also gemeint!«

Das Problem ist natürlich, daß wir dieses Stadium noch nicht erreicht haben. Dieser Höhepunkt und die Auflösung aller Ungereimtheiten liegen noch wer weiß wie weit in der Zukunft. Denn jetzt leben wir noch in der Unvollkommenheit, die entnervend mißtönend sein kann. Es geschehen immer wieder Dinge, die so unangenehm sind, daß wir uns beim besten Willen nicht vorstellen können, irgend etwas Gutes könne aus ihnen hervorgehen oder es stehe gar eine gute Absicht dahinter. Unbeschwertes Vergnügen liegt uns oftmals fern; so wie ich auch über den Vergleich mit dem Horrorfilm erst später lachen konnte, als ich etwas Abstand von dieser peinlichen Situation hatte.

Es ist eine Sache zu sagen, daß Gott jetzt im täglichen Leben zu uns spricht; zu sagen, sein Schweigen sei ein beredtes Schweigen, weil er auf irgendeine geheimnisvolle Art und Weise in diesem Schweigen zu uns spricht. Etwas ganz anderes ist es, Gottes Stimme in der Verwirrung, dem Paradox und dem Rätselhaften zu hören – in den Mißklängen unseres Lebens. Selbst wenn man glaubt, wie ich es tue, daß Gottes Wesen in der Schrift offenbart ist, ist das unter Umständen nicht sonderlich befriedigend, wenn wir uns im Schmelztiegel des Leidens befinden. Und für die meisten, wenn nicht für alle Menschen, gibt es nicht nur gute Zeiten. Das Leben wird schwer. Unser Glaube wird auf die Probe gestellt. Gottes Stimme wird schwächer. Und unser Glaube steht vor seiner größten Herausforderung: Teilantworten und miteinander unvereinbare Vorstellungen.

Wie kann uns, inmitten dieses Mißklangs, wenn alles in uns nach vollständigen Erklärungen schreit, ein Glaube aufrechterhalten, der auf Teilantworten beruht?

Ich war im College, als Alvin Tofflers Buch *Future Shock* herauskam. Es wurde zum Gesprächsthema in meinem Psychologiekurs, als unser christlicher Professor die Frage stellte: »Wie kann ein verantwortungsbewußter Christ mit dem Zukunftsschock umgehen?« Ich erinnere mich noch heute, so viele Jahre später, an diese Stunde, weil ich seine Antwort zunächst ziemlich schokkierend fand: »Reduzieren Sie das Wesentliche Ihres Glaubens auf ein Mindestmaß«, riet er uns. »Vertreten Sie nicht jede Anschauung und Interpretationsweise mit der gleichen Hartnäckigkeit.«

Er sagte nicht: »Nehmen Sie Ihrem Glauben seine Bedeutung.« Er sagte, wenn ich das einmal mit eigenen Worten ausdrücken darf: »Es kommt auf die allerwesentlichsten Inhalte eures Glaubens an. Haltet daran fest. Sie werden euch Standfestigkeit verleihen. Doch nicht jede Meinung verdient, daß wir uns dogmatisch an ihr festhalten, und wir werden nicht für jede Erfahrung des Lebens zufriedenstellende Erklärungen finden. Im Laufe des Lebens werdet ihr vor manch einem unerklärlichen Rätsel stehen.«

Ich kann nur sagen: »Das ist wahr.« Und ich bin zu dem Schluß gelangt, daß man leichter damit umgehen kann, wenn man bereit ist, auf vollständige Antworten zu warten und in der Zwischenzeit ein paar Mißklänge zu ertragen; doch die Zwischenzeit erscheint uns lang und schleppend.

Toffler vertrat vermutlich die Ansicht, daß das Leben belastender und herausfordernder wird, wenn sich die Dinge immer schneller verändern und die Zukunft die Gegenwart durchdringt. Wie sollen wir mit solchen schwindelerregenden Veränderungen fertigwerden?

Aber gibt es nicht auch einen »Gegenwartsschock?« Die belastende und entmutigende Erkenntnis nämlich, daß die guten Veränderungen, die Gott für die Zukunft verheißen hat, noch außer Reichweite liegen. Wir müssen in der Gegenwart leben, mit all ihren Schwierigkeiten und ihrer Verworrenheit – ihrer Dissonanz –, wenn alles in uns sich nach besseren Zeiten sehnt oder nach Heilung oder Gerechtigkeit oder zumindest nach befriedigenden Antworten.

Auflösung.

Gestern griff meine Mutter zum Telefon und überbrückte die Entfernung von 3200 Kilometern, die uns trennt. Sie hat letzte Woche mehrmals angerufen, und ich weiß, was sie umtreibt. Wir nähern uns dem ersten Todestag meines Vaters, und obwohl meine Mutter Gott liebt und mit allem – ihrem ganzen Leben und ihrem seelischen Gleichgewicht – auf Gottes Vertrauenswürdigkeit baut, ist dies doch eine düstere und verwirrende Zeit für sie. Welch einen Sinn könnte das alles haben?

In demselben Gespräch berichtete sie mir vom Gesundheitszustand dreier meiner Onkel, und diese Berichte waren nicht gerade ermutigend. Mir war dabei, wohl mehr als ihr selbst, bewußt, daß die Krankheit meiner Onkel sie an meines Vaters Tod vor zwölf Monaten erinnerte.

Da saß sie nun und hielt nur mit Mühe die Tränen zurück, weil sie mit dem »Gegenwartsschock« konfrontiert ist. Die Dinge sind jetzt nicht so, wie sie einmal sein werden und, darauf besteht sie, sein sollten. Und doch bricht selbst in ihrer düsteren Stimmung das Licht durch, weil sie nicht wirklich in der Gegenwart gefangen ist. Sie hat im Angesicht Christi bereits die Zukunft gesehen, und dieses Bild ist so lebendig, daß es sie durch ihre Verwirrung und ihren Kummer hindurchtragen wird. Durch den Glauben hat sie schon Anklänge vom Finale des Lebens gehört. Wenn sie sich jetzt durch die »Ungewißheiten« des Lebens hindurchkämpft, ist es, als würde sie eine merkwürdig vertraute Melodie durchspielen, als hätte sie sie zuvor in einem wunderbar tröstlichen Traum gehört. Denn wenn diese Zukunftsvision den Mißklang der Gegenwart durchdringt, ist das kein Schock, es verleiht vielmehr Gelassenheit. Je gewisser wir sind, daß die Mißklänge des Lebens einmal aufgelöst werden, desto leichter fällt es uns, das gegenwärtige Leiden zu ertragen.

Mißklang. Verwirrung. Paradox. Geheimnis. Unvereinbarkeit. In unserer schmerzlichen Gegenwart erleben wir die Spannung zwischen unseren Erwartungen an Gott und seinem tatsächlichen Handeln. Unser strahlendes Bild von einem Leben in Fülle wird verdüstert und verworren, wenn wir in das Schattenreich von Ungewißheit, Krankheit oder sogar Tod treten. Wir suchen in der Bibel nach einer Erklärung und erkennen, daß selbst Gott sich manchmal zu widersprechen scheint. Unsere sorgfältigen Bemühungen, die Widersprüchlichkeiten miteinander in Einklang zu bringen, wollen nicht so recht gelingen.

Glaube kann frustrierend sein.

Nein, *Leben* kann frustrierend sein. Es entzieht sich unserem Verständnis. Nur der Glaube gibt uns eine neue Sichtweise und befreit uns zur Hoffnung.

Auch ich stehe vor solchen Rätseln, aber weil ich Gott begegnet bin, bin ich bereit, mit Teilantworten zu leben. Ich bemühe mich vielleicht, inmitten der Unvereinbarkeiten irgendeinen Trost zu finden, aber ich gestatte mir, menschlich zu sein, mit all den Begrenzungen, die das beinhaltet, und Gott Gott sein zu lassen, mit der ganzen Grenzenlosigkeit, die darin liegt. Wenn ich mir Gottes gewiß bin, braucht nicht jede Einzelheit meines Lebens einen Sinn zu ergeben, innerhalb der beengten Sichtweise meines kümmerlichen Verstandes, schwachen Intellektualisierens und meiner krampfhaften Bemühungen, das Unvereinbare miteinander in Einklang zu bringen. Die Teilantworten, die mir Gott enthüllt, sind besser als die vollständigen Erklärungen, die ich mir ausdenken könnte. Das Leben ist schließlich Gottes Meisterwerk, nicht meines. Ich habe keine andere Wahl, als auf seine Zeit zu warten, während er mein Leben zielbewußt auf seinen Höhepunkt und seine Auflösung hinbewegt.

Doch selbst dann ist die Frage angemessen: Was sollen wir in der Zwischenzeit tun? Wie sollen wir in der Gegenwart leben, in der das Leid sich so laut und unharmonisch gebärdet und Gott so still und leise ist?

Dieser dritte und letzte Abschnitt des Buches bringt Gottes Schweigen in eine Beziehung zu seinem Willen und seinem Reich, zu Glauben und Zweifel, zu Gebet und Gemeinschaft mit Gott. Ich habe dieses Gedankengeflecht aus verschiedenen Gesichtswinkeln betrachtet, doch auch dann bleiben die gemeinsamen Gedankenstränge miteinander verflochten. Wenn ich dem Schweigen Gottes einen Sinn abgewinnen will, muß ich sein Reich in seinen beiden Zeiten verstehen: der Gegenwart und der Zukunft; ich muß mich über meinen Zweifel erheben und durch den Glauben leben; ich muß den Code des Gebets entziffern und in seiner Stille Ruhe finden.

In den folgenden Kapiteln gibt es manche Dunkelheit, als wenn man eine Höhle betritt – oder ein Grab. Und doch gibt es Hoffnung. In den dunkelsten Umständen, der tiefsten Höhle, dem kältesten Grab rührt sich etwas, es dringt ein Schimmer Licht hinein, eine Stimme läßt sich vernehmen.

Es ereignet sich Leben.

Es ist meine Bitte, während ich dies schreibe, daß unser Glaube am Ende tiefer, unsere Hoffnung stärker sein mögen, weil wir uns ehrlichen Herzens unseren Begrenzungen gestellt und doch in dem beredten Schweigen Gottes eine tröstliche Sichtweise erlangt haben.

Erhöre mich, wenn ich rufe,
Gott meiner Gerechtigkeit,
der du mich tröstest in Angst;
sei mir gnädig und erhöre mein Gebet!
Psalm 4, 2

14. Gottes Herrschaft:
Ein Reich der Unvereinbarkeiten

»Ich habe so viele Male gebetet, und so eindringlich, so eindringlich habe ich gebetet, und nichts ist geschehen. Und jetzt bin ich nicht mehr so sicher ... ob es überhaupt einen Gott gibt.«

Mit diesen Worten faßte der aus der Geiselhaft befreite Thomas Sutherland seine sechseinhalb Jahre dauernde Gefangenschaft im Libanon zusammen. Er berichtete von den furchtbaren Qualen, als er in einer dunklen Zelle im Keller an die Wand gekettet war. Er beschrieb den Tag, an dem er so furchtbar geschlagen wurde, daß er vor Schmerzen schrie, und er berichtete der Presse, daß er und sein Mitgefangener Terry Anderson sich, während sie in Ketten lagen, die Zeit vertrieben, indem sie über Religion debattierten. Sutherland argumentierte als Agnostiker, Anderson vertrat die Ansicht, daß Gott tatsächlich existiere.

Nach dem Bericht über seine Erlebnisse sollte man meinen, daß der agnostische Sutherland hier im Vorteil gewesen sei. Ist seine Sichtweise nicht mehr als verständlich? Denn wenn es einen Gott gibt, wenn er der Herr über das Universum ist, wie kann dann eine solche Anarchie herrschen? Wie konnte er die Gebete der Geisel über sechs Jahre lang unbeantwortet lassen? Sutherland sagte, er habe Mitleid mit seinen Peinigern, da »sie überhaupt nicht wissen, wie abscheulich ihr Handeln ist«. Aber solche Dinge geschehen auf der ganzen Welt und nicht nur da, wo es um politische Auseinandersetzungen geht. Verärgerte Arbeiter greifen zu den Waffen und beginnen sinnlos zu wüten, um sich Gehör zu verschaffen oder ihre aufgestaute Enttäuschung loszuwerden. Dabei werden die Unschuldigen oder zumindest die Wehrlosen zu Opfern. So ist es doch auf der Welt: Die Schwachen leiden, die Sanftmütigen werden nicht beachtet, die Armen, die Hungrigen, die Heimatlosen werden vergessen. Fast zwanzig Prozent der 5,4 Milliarden Menschen auf diesem Planeten leben in äußerster Armut und Not. Der christliche Glaube muß selbst für sie Sinn haben, wenn er überhaupt Sinn haben soll.

Nehmen wir einmal an, Christus selbst wäre aufgefordert, die Herrschaft seines Reiches zu erläutern; wie würde er solche Unvereinbarkeit erklären – die Herrschaft Gottes und die gleichzeitige Herrschaft des Bösen? Wenn wir in einer so erschreckenden Situation leben, wie sollen wir dann die Vollmacht Christi verstehen? Wie könnte er denn unseren tiefen Argwohn vertreiben, daß alles außer Kontrolle geraten ist?

Und wie sollen wir in dieser Welt als Untertanen des unsichtbaren, schweigenden Königs leben?

Jesus verstand die Unvereinbarkeiten in seinem Reich. Er wußte, wer er war: beides, der Sohn Gottes und das Kind menschlicher Armut. Er kannte die boshaften Anspielungen angesichts seiner bevorstehenden Geburt, wußte, daß seine Eltern von verurteilenden Nachbarn verspottet wurden. Er wußte auch, daß die gute Nachricht von seiner Geburt für die neugeborenen Söhne Bethlehems den Tod bedeutet hatte. Er wußte, was es hieß, von seinen engsten Freunden mißverstanden zu werden. Er wußte, was für ein unfreies Leben es war, in einem besetzten Land zu leben, unter oft ungerechter Herrschaft. Er wußte, als er vor der großen Versuchung stand, daß es auf rätselhafte Weise in Satans Macht stand, ihm die Reiche dieser Welt anzubieten. Er wußte, daß das Land voller Kranker war, die geheilt, voller Besessener, die erlöst, und Gefangener, die befreit werden wollten. Er wußte, daß ihm Verrat und eine qualvolle Hinrichtung bevorstanden. Er wußte, daß wir, die wir ihm nachfolgen, dabei auch immer wieder scheitern. Er war nicht naiv. Er wußte alles.

Wie ist denn sein Reich beschaffen, daß seine Welt und die unsere so enttäuschend unverändert bleiben?

Natürlich folgten ihm die Leute zunächst, weil sie glaubten, daß er die Welt *tatsächlich* verändern würde. Sie waren krank und sahen in ihm ihren Heiler. Sie wurden hungrig und erwarteten, daß er für sie sorgte. Sie litten unter der Herrschaft Roms und fragten sich, ob er nicht ihr Befreier wäre. Er zog die Massen in den Bann. Bis er keine Wunder mehr tat. Bis er politische Lösungen ablehnte. Bis er sie aufforderte, die Kosten zu überschlagen.

Was für einen Sinn hatte es, sich diesem Reich anzuschließen, in dem sich doch nichts veränderte?

Und doch, wie konnten sie – oder wir – seine Veränderungsabsicht mißverstehen? Er hat seine Absicht ganz am Anfang seines öffentlichen Wirkens in den ersten 92 Worten seiner ersten großen Predigt offen dargelegt – für die Leute damals und nun für uns. Diese Einleitung zu seiner Predigt nennen wir heute die »Seligpreisungen«. Diese 92 Worte sind eine Art Präambel zu dem Gesetz des Gottesreiches, der Bergpredigt.

Messen Sie einmal die Zeit. Sprechen Sie sich die Worte einmal laut, langsam und ganz bewußt vor. Jesus hat das Wesentliche des Reiches Gottes in weniger als sechzig Sekunden dargestellt.

Selig sind, die da geistlich arm sind;
denn ihrer ist das Himmelreich.
Selig sind, die da Leid tragen;
denn sie sollen getröstet werden.
Selig sind die Sanftmütigen;
denn sie werden das Erdreich besitzen.
Selig sind, die da hungert und dürstet
nach der Gerechtigkeit;
denn sie sollen satt werden.
Selig sind die Barmherzigen;
denn sie werden Barmherzigkeit erlangen.
Selig sind, die reinen Herzens sind;
denn sie werden Gott schauen.
Selig sind die Friedfertigen;
denn sie werden Gottes Kinder heißen.

Selig sind, die um der Gerechtigkeit willen
verfolgt werden;
denn ihrer ist das Himmelreich.
Matthäus 5, 3-10

Willkommen im unsichtbaren Reich. Dem Reich der zwei Zeiten – der Gegenwart und der Zukunft –, in dem das, was Gott jetzt in uns tut, ein Vorgeschmack dessen ist, was er eines Tages ganz öffentlich tun wird, so daß alle Welt es sehen kann. In diesem Reich wird es den Untertanen des Herrschers gutgehen, obwohl sie Verfolgung erlitten haben. Sanftmut wird belohnt werden, die Sorgen weggenommen und berechtigte Wünsche erfüllt. Diejenigen, die darum wissen, sehen das Angesicht Gottes. Die Friedenstifter, nicht die Kriegstreiber, erhalten den Ehrenplatz. Die Demütigen, nicht die Stolzen, werden erhöht. Und in diesem Reich erleben wir jetzt und bis zu der Zeit, da der König zurückkehrt, erstaunliche innere Veränderungen, so daß wir für das Leben in einer Welt gerüstet sind, die sich jetzt noch hartnäckig jeder Veränderung widersetzt.

»Selig.«

Eine merkwürdige Art, eine Predigt und sein öffentliches Wirken zu beginnen.

»Selig.«

Acht Äußerungen, die eine Freude schildern, die auch mit Schmerzen einhergeht. Inmitten von Armut, angesichts von Kummer, in einer Position der Schwäche können wir tiefes Glück erfahren. Wir setzen uns für Gerechtigkeit ein und werden belohnt. Wir erweisen Barmherzigkeit und uns wird Barmherzigkeit erwiesen. Wir leben in Reinheit und begegnen dem, der rein macht. Wir schaffen Frieden und werden mit Gottes Namen genannt. Und mag uns das Schlimmste geschehen, so ist auch dann der König selbst bei uns, sein Reich gehört uns.

Früher habe ich über die Seligpreisungen hinweggelesen. Ich sah in ihnen wunderbare, fromm klingende Sätze. Es kam ihnen zu, auf Wandbehänge gestickt und auf Grußkarten gedruckt zu werden. Aber was bedeuteten sie eigentlich? Erst nachdem ich mir jeweils die gegenteiligen Aussagen vorstellte, spürte ich ihre lebensverändernde Kraft.

Ich werde selig genannt, wenn ich »geistlich arm« bin, nicht stolz auf meine Wichtigkeit und meine frommen Leistungen.

Ich werde selig genannt, wenn ich »Leid trage«, nicht, wenn ich dem Leiden um mich herum gefühllos und gleichgültig gegenüberstehe.

Ich werde selig genannt, wenn ich »sanftmütig« bin, nicht, wenn ich von Gier oder Zorn beherrscht werde.

Ich werde selig genannt, wenn ich »hungere und dürste nach der Gerechtigkeit«, nicht, wenn ich gleichgültig gegen Gott und sein Handeln bin.

Ich werde selig genannt, wenn ich »barmherzig« bin, nicht bitter, voller Groll und kaltherzig.

Ich werde selig genannt, wenn ich »reinen Herzens« bin, nicht, wenn ich in meinem Herzen unreine Gedanken hege.

Ich werde selig genannt, wenn ich »friedfertig« bin, nicht kritiksüchtig, richtend und feindlich gesinnt.

Ich werde selig genannt, wenn ich »um der Gerechtigkeit willen verfolgt werde«, nicht, wenn ich mich Gottes schäme oder es mir peinlich ist, als sein Nachfolger bekannt zu sein.

Ich verstand nun ein wenig besser, warum Jesus seine große Predigt mit jenen 92 Worten einleitete. Die Maßstäbe der Bergpredigt sind unerreichbar hoch. In seinem Reich sind die Gesetze ins Herz der Menschen geschrieben – liebe deine Feinde, beherrsche deine Begierden, bezähme deinen Zorn, halte dich mit Urteilen zurück. Wer kann diese Erwartungen erfüllen? Nur Menschen, die eine geistliche Erneuerung erfahren haben. Gesegnete, »selige« Menschen. Wenn ich diese geistliche Dimension der Seligpreisungen nicht erfasse, wird es mir sehr schwer fallen, den Rest der Bergpredigt auch nur zu *hören* – oder andere Aussagen, die Gott durch Jesus gemacht hat. Diese Präambel rückt die Verfassung des Gottesreiches in die rechte Perspektive.

Doch wenn ich diese Wesenszüge als geistliche Eigenschaften lese, darf ich auch ihre irdische Komponente nicht außer acht lassen, oder ich verpasse vieles von dem, was Jesus uns klarmachen wollte. Denn er hatte einen Grund dafür, sich der Sprache der Armut, der Sorge und der menschlichen Konflikte zu bedienen.

Vielleicht ist es Ihnen schon aufgefallen: Obwohl die Seligpreisungen sowohl von Matthäus (5. Kapitel) und Lukas (6. Kapitel) überliefert sind, bevorzugen wir in der Regel den Text nach Matthäus. Seine Fassung klingt so geistlich. Lukas ist viel weltlicher. Nach Lukas redet Jesus uns auch direkt an, in der zweiten Person. Matthäus schreibt:»Selig sind, die da geistlich arm sind.« Bei Lukas heißt es:»Selig seid ihr Armen.«

Bei Matthäus steht:»Selig sind, die da hungert und dürstet nach der Gerechtigkeit.«

Lukas schreibt:»Selig seid ihr, die ihr jetzt hungert.«

In der ganzen Schrift kommt immer wieder zum Ausdruck, daß die Armen, die Hungrigen, die Rechtlosen irgendwie dem Reich Gottes näher sind. Sie können weniger auf ihre gesellschaftliche Stellung oder ihren Verdienst bauen, in ihrer Hoffnungslosigkeit sind sie eher geneigt, sich an Gott zu wenden. Reichtum, Bequemlichkeit und gesellschaftliche Stellung können uns so leicht blind machen für das, was wirklich zählt. Die Mühsal der Armut kann andererseits unsere geistlichen Augen öffnen, so daß wir uns sehen, wie wir wirklich sind.

Ist es möglich, daß Mangel an Nahrung uns eher bereit macht, nach der Gerechtigkeit zu hungern und zu dürsten? Könnte es sein, daß unsere materielle Armut uns verstehen hilft, was es heißt,»geistlich arm« zu sein?

Es ist sicher verständlich, daß sechseinhalb Jahre Gefangenschaft und»unbeantwortete Gebete« einen Mann dazu bringen können, die Existenz Gottes in Frage zu stellen. Aber ist es wirklich so überraschend, daß ein anderer Mann, der dasselbe Schicksal erleidet, zu einem ganz anderen Schluß gelangt? Könnte eine solche Erfahrung uns nicht gerade *zu* Gott hintreiben, wenn wir nur sein Schweigen richtig verstehen würden?

Was, wenn Not – Armut, Hunger, Sorgen, selbst Verfolgung – uns tatsächlich die Augen öffnen würde, um den unsichtbaren König dieser Welt zu sehen, und unsere Ohren, ihn zu hören? Was, wenn ihn zu sehen und seine Stimme zu hören uns verändern würde, selbst, wenn die Umstände unseres Lebens unverändert blieben? Wären wir dann nicht auch mit einer tiefen Freude erfüllt, einem geheimnisvollen Glück? Wenn wir das Gefühl hätten, daß Gott mit uns sei – selbst in unserem tiefsten Schmerz –, wenn das möglich ist – würden wir dann nicht entdecken, was dieses »selig« wirklich bedeutet?

Ist es solche Unvereinbarkeit, die Jesus dazu treibt, seine Predigt, und in gewissem Sinn sein Wirken, mit sechzig Sekunden Einleitung zu beginnen, die uns eine andere Perspektive vermittelt?

»Selig.«

Wir dürfen uns nicht leichtherzig über die 2347 Tage von Thomas Sutherlands Gefangenschaft hinwegsetzen. Auch nehmen schöne Worte den Familien in unserem Land, die einen ihrer Lieben durch rohe Gewalt oder eine tödliche Krankheit verloren haben, nicht den tiefen Schmerz. Die Armen bleiben vielleicht arm, die Hungrigen hungrig. Die Heimatlosen suchen noch immer Obdach. Die Bekümmerten werden weiterhin leiden.

Gott verharrt vielleicht weiter im Schweigen.

Der unsichtbare König wußte, daß wir uns nach Gerechtigkeit und einem einigermaßen erträglichen Leben sehnen würden. Daher ist es nicht erstaunlich, daß er uns in derselben großen Predigt beten lehrte: »Dein Reich komme. Dein Wille geschehe, wie im Himmel so auf Erden.« Die äußeren Veränderungen, nach denen wir uns alle sehnen, werden eintreten. Wir werden die Zukunft des Gottesreiches aus erster Hand erleben.

Bis dahin können die, die den König kennen, die von innen her verändert werden, eine tiefe Freude erleben, die sie über die Umstände ihres Lebens hinaushebt. In dieser Gegenwartszeit des Reiches, das ist die große Überraschung. Der König lebt und schreibt seine Präambel in unser Herz und lehrt uns, danach zu leben:

»Selig.«

»Selig.«

»Selig.«

Dein Reich komme.
Dein Wille geschehe wie im Himmel so auf Erden.
Matthäus 6, 10

15. Gottes Wille:
Das Paradox der Macht

Ich hatte geglaubt, der Gerichtssaal sei größer. Und wärmer. Dieser kleine Raum mit den schmuddeligen Wänden, die einmal weiß gewesen waren, und dem Linoleumboden rief Beklemmung in mir hervor. Gesetzbücher, voll von Fachsprache und objektiven Tatbeständen, füllten die Regale an der westlichen Wand, und fünfzehn graue Klappstühle aus Metall waren in unregelmäßigen Reihen aufgestellt. Davor stand ein breiter Tisch – die Richterbank. Die Dezemberkälte, die durch schlecht abgedichtete Fenster drang, trug noch zu der Distanz bei, die einer zu dem anderen empfand.

Hier, an diesem Morgen, würde der Schlußakt eines zweijährigen Traumas gespielt werden. Das, was so viele Monate zuvor begonnen hatte, würde in der Entscheidung eines Mannes seinen Abschluß finden. Dieser Vormittag würde zumindest die Zeit der Unsicherheit beenden – aber er würde auch ein neuer Anfang sein – wie auch immer. Hier, an diesem Morgen, würden Gebete beantwortet werden.

Gebet war überhaupt das ausschlaggebende Moment. Nicht die Entscheidung eines Mannes – selbst eines Mannes, der im Namen des Staates sprach. Gottes Wille würde sich hier erfüllen, diese Zuversicht hatte ich. Aber wie konnte ich, angesichts des Schweigens Gottes, wissen, was das bedeutete?

Als meine Frau und ich ein zweiundzwanzig Monate altes Mündel unter Amtsvormundschaft in unsere Familie aufnahmen, geschah das in der Annahme, daß er – und seine jüngere Schwester, die in einer anderen Pflegefamilie untergebracht war – in

Kürze zur Adoption freigegeben werden würden. Aber ein neues Gesetz unseres Staates, das rückwirkend in Kraft trat und daher auf diesen Fall anwendbar war, verwandelte ein paar Wochen des Wartens in eine zweijährige emotionale Berg- und Talfahrt von Angst und Ungewißheit.

Und wir wußten zu viel. Auch Kleinstädte haben eine Bürokratie, aber es ist eine Kleinstadtbürokratie. Während die Mühlen des Gesetzes langsam mahlten, kamen uns Einzelheiten über den Hintergrund unseres Pflegesohnes zu Ohren, die Grund zu großer Befürchtung gaben. Einzelheiten, die wir vermutlich gar nicht hätten wissen dürfen. Wenn er und seine Schwester wieder in ihre eigene Familie zurückgegeben würden, wären sie dort überhaupt sicher? Würde man ihnen überhaupt etwas zum Essen oder zum Anziehen geben? Würden sie geliebt werden?

Wir beteten. Unsere Freunde beteten. Aber die Befürchtungen blieben. Wir konnten darum beten, daß Gottes Wille geschehe – wir konnten um das beten, was wir für Gerechtigkeit hielten –, aber wie würde Gottes Wille aussehen in dieser gefallenen Welt, in der wir auf die Gerechtigkeit eines kommenden Gottesreiches warten? Wie würde Gott antworten? Bis zu welchem Ausmaß würde er einschreiten?

Für wohlmeinende Freunde aus unserer Gemeinde war die Sache klar:»Gott wird euch diese Kinder geben«, meinten sie, und sprachen dabei sozusagen an Gottes Stelle. Wir waren nicht so sicher. Eine Adoptivfamilie schien uns gewiß das Beste für die Kinder zu sein; es würde sie vor so schwerer Vernachlässigung bewahren. Aber hatten wir den Adoptionsantrag nicht gerade aus dem Grund gestellt, weil die Angelegenheiten auf dieser Erde eben nicht im Einklang mit dem Willen Gottes standen? In einer Welt, in der Gottes Wille geschah, würden Kinder von liebevollen Eltern, die sie in die Welt gesetzt hatten, beschützt und versorgt werden. Es würde überhaupt keinen Grund geben, Kinder zu adoptieren.

Es ist nicht erstaunlich, daß Theologen, wenn es um den Willen Gottes geht, oft einen Unterschied machen zwischen dem, was Gott *zuläßt*, und dem, was er bewußt *beabsichtigt* und geschehen läßt. Könnten wir dann sagen, daß er eine gefallene Welt zuläßt, das kommende Gottesreich der Gerechtigkeit aber seinem tatsächlichen Willen entspricht?

Wie würde Gott also unsere anhaltenden Gebete beantworten? Wenn er in dieser Welt Umstände zuließ, die eine Adoption notwendig machten, wie konnten wir dann sicher sein, daß er lenkend einschreiten werde, nur, weil wir ihn darum baten? Auf der ganzen Welt sind Menschen, auch Christen, in Not. Die Geschichte ist eine Geschichte des oft ungehinderten Leidens, des nur manchmal abgewendeten Unglücks.

Zwei Jahre lang beteten meine Frau und ich am Bett eines verwirrten Kleinkindes zu diesem schweigenden Gott, dessen Wille uns nun so rätselhaft erschien, dessen Wege so verworren. Als Folge dieser vielen Monate der Fürbitte und angesichts der möglichen Antwort erhielt das Vaterunser eine Bedeutung für mich, die mir sonst vielleicht entgangen wäre. Ich entsinne mich, daß ich in dieser Zeit eine Zeichnung anfertigte. Ein kleines Gesicht duckte sich unter einer umgekehrten Bibel, die wie ein Zelt über ihm stand. Die Bildunterschrift lautete: »Dein Wille geschehe im Himmel wie auf Erden ... damit es himmlisch werde.« Ich habe diese Zeichnung angefertigt, weil ich wußte, daß der Wille Gottes, entgegen den ermutigenden Worten christlicher Freunde, nicht immer Glück bedeutet. Was er auf dieser Erde zuläßt, ist nicht immer »himmlisch«.

Noch nicht.

Und aus diesem Grunde beten wir: »Dein Reich komme. Dein Wille geschehe im Himmel wie auf Erden.«

Es gab unter Theologen viele Diskussionen über das Reich Gottes – was es ist und was es nicht ist –, aber ist das wirklich so unklar? Jesus sagt: »Laßt die Kinder zu mir kommen und wehret ihnen nicht; denn solchen gehört das Reich Gottes. Wahrlich, ich sage euch: Wer das Reich Gottes nicht empfängt wie ein Kind, der wird nicht hineinkommen« (Markus 10, 14.15). Es kann gar nicht so kompliziert sein. »Euch ist's gegeben, die Geheimnisse des Reiches Gottes zu verstehen«, sagt Jesus zu seinen Jüngern (Lukas 8, 10) und fährt fort: »Den andern aber in Gleichnissen, damit sie es nicht sehen, auch wenn sie es sehen, und nicht verstehen, auch wenn sie es hören.«

Einfach gesagt: Das Reich ist da, wo der König ist. So wird in den Evangelien verkündigt: »Das Reich Gottes ist nahe zu euch gekommen« (Lukas 10, 9). Das Reich war nahe, weil der König nahe war. Und doch war das Reich nicht ein Ort, ein Gebiet, das man betreten konnte.

Was geschah, nachdem Jesus wunderbarerweise die Fünftausend gespeist hatte? Und wie hat er darauf reagiert?

»Als Jesus nun merkte, daß sie kommen würden und ihn ergreifen, um ihn zum König zu machen, entwich er wieder auf den Berg, er selbst allein« (Johannes 6, 15).

Wäre es ihnen gelungen, wäre Jesus gescheitert. Jesus nimmt die Königswürde nur zu seinen Bedingungen an, und das sind andere als die einer irdischen Monarchie.

Dieses Reich konnte man nicht betreten, indem man eine Grenze überschritt. Die Evangelisten schreiben, es sei schwer, hineinzukommen. Ein Kind könnte direkt hineingehen, aber, so Jesus: »Wie schwer kommen die Reichen in das Reich Gottes! Denn es ist leichter, daß ein Kamel durch ein Nadelöhr gehe, als daß ein Reicher in das Reich Gottes komme« (Lukas 18, 24.25).

Wo war denn dieses Reich, daß es denen mit einem kindlichen Gemüt zugänglich war, aber nicht denen, die sich selbst für unabhängig hielten? Der Schlüssel liegt in den Gleichnissen, mit denen Jesus das Reich Gottes beschreibt. Er redet von Samen und Bauern, guter Erde und schlechter Erde, Vögeln und Felsen und Dornen. Das Reich Gottes, das will er zum Ausdruck bringen, hat damit zu tun, wie wir Gottes Wort hören, es aufnehmen und danach handeln (Markus 4). Es ist daher nicht überraschend, daß die Evangelien vom Reich Gottes in uns sprechen, weil genau dort der König regieren will.

Das Reich ist da, wo der König ist.

So beschreibt der Apostel Paulus das Reich Gottes später mit Worten, die Charaktereigenschaften und geistliche Haltungen ausdrücken. »Das Reich Gottes ist nicht Essen und Trinken«, schreibt er, »sondern Gerechtigkeit und Friede und Freude in dem heiligen

Geist« (Römer 14, 17). »Das Reich Gottes steht nicht in Worten, sondern in Kraft« (1. Korinther 4, 20). Und worin besteht die Kraft des Reiches, wenn nicht in der Kraft zur inneren Veränderung?

Eine wichtige Veränderung muß mit uns vorgehen, bevor wir das Reich Gottes überhaupt erkennen können. »Es sei denn, daß jemand von neuem geboren werde, so kann er das Reich Gottes nicht sehen«, sagt Jesus (Johannes 3, 3). »Geboren werden aus Wasser und Geist« (3, 5).

Das Reich ist da, wo der König ist. Und wir könnten, zumindest in gewisser Hinsicht, sagen, daß es »Orte« gibt, an denen der König sich nicht aufhalten will. Warum? Weil das Reich Gottes für Menschen ist, die von Grund auf anders sind. »Oder wißt ihr nicht, daß die Ungerechten das Reich Gottes nicht ererben werden? Laßt euch nicht irreführen! Weder Unzüchtige, noch Götzendiener, Ehebrecher, Lustknaben, Knabenschänder, Diebe, Geizige, Trunkenbolde, Lästerer oder Räuber werden das Reich Gottes ererben« (1. Korinther 6, 9.10).

»Und solche sind einige von euch gewesen«, sagt Paulus. »Aber ihr seid reingewaschen, ihr seid geheiligt, ihr seid gerecht geworden durch den Namen des Herrn Jesus Christus und durch den Geist unseres Gottes« (Vers 11). Durch Gottes Gnade und unseren Glauben werden wir zu würdigen Untertanen des Königs. Paulus schreibt an anderer Stelle: »Er hat uns errettet von der Macht der Finsternis und hat uns versetzt in das Reich seines lieben Sohnes, in dem wir die Erlösung haben, nämlich die Vergebung der Sünden« (Kolosser 1, 13.14).

Aber es gibt noch eine andere Dimension des Gottesreiches – eine zukünftige Dimension –, die über seine jetzige geistliche Herrschaft im Leben seiner Nachfolger hinausgeht. Paulus freut sich auf die leibliche Auferstehung und auf Veränderungen, die die Welt auf den Kopf stellen. »Danach das Ende, wenn er (Christus) das Reich Gott, dem Vater, übergeben wird, nachdem er alle Herrschaft und alle Macht und Gewalt vernichtet hat« (1. Korinther 15, 24). Selbst der Tod wird dieser Vernichtung anheimfallen. Und wir werden teilhaben an diesem Ende aller Zeit und

Not, wenn alles, was verkehrt war, richtiggestellt wird. Paulus schreibt in Vers 50, daß »Fleisch und Blut das Reich Gottes nicht ererben können«. Aber wir werden von den Toten auferweckt, verwandelt und bereit für ein ewiges Reich. Die Schrift spricht daher davon, daß das Reich einmal ganz unerwartet anbrechen wird, weil der König selbst wiederkommt. Das Reich ist da, wo der König ist. Und der Tag wird kommen – und er ist nicht mehr fern –, an dem die gesamte Menschheitsgeschichte in sein ewiges Reich einmünden wird.

Wenn ich also bete: »Dein Reich komme«, drücke ich meine Sehnsucht nach dieser Gottesherrschaft aus. Ich bringe meine Vorfreude auf ein Reich zum Ausdruck, das Tod und Tränen, Sünde und Ungerechtigkeit ein Ende bereitet. Ich sage: »Herr, komm jetzt. Übernimm die Herrschaft über all das, was in Wahrheit dir gehört.« Aber ich bestätige mit diesen Worten auch, daß ich schon jetzt, bis zu seinem Kommen, unter seiner Herrschaft leben will, nicht erst danach. Ich sage: »Herr, verziehe es nicht. Übernimm du jetzt die Herrschaft über mein Leben. Führe mich, verändere mich und, wenn es sein muß, zerbreche mich, damit mein Wille sich deinem beugt.«

Wenn wir die Bitte: »Dein Reich komme« ganz bewußt und demütig aussprechen, dann ist damit auch die folgende Bitte des Vaterunsers untrennbar verbunden: »Dein Wille geschehe im Himmel wie auf Erden.« Das gehört zusammen: »Ich möchte dein Reich, deine Herrschaft, ich sehne mich nach deinem Willen.«

Sicher, dieses Gebet sieht in die Zukunft. Wir werden der geringeren Reiche müde und der Verderbnis des menschlichen Willens. Wir stellen uns vor, wie es wäre, wenn das Universum von seinem weisen, gütigen und gerechten Willen regiert würde.

Doch so, wie das Reich zu uns kommen kann – in uns existieren – lange, bevor die Welt es erkennt, so können wir uns auch in seinen Willen ergeben, lange bevor »sich beugen sollen aller ... Knie, ... und alle Zungen bekennen sollen, daß Jesus Christus der Herr ist« (Philipper 2, 10.11).

Ich spreche diese Bitte heute aus, da ich ungeduldig bin mit der unvollkommenen Gegenwart und eine Zukunft ersehne und erbitte, die vollkommen ist. Aber ich bitte auch darum, daß die Wesensmerkmale dieser Zukunft die Gegenwart durchdringen. Wenn ich bete: »Dein Wille geschehe im Himmel wie auf Erden«, sage ich doch: »Ich beuge mich deinem Willen. Ich will mich deinem Willen, so wie er mir heute begegnet, nicht widersetzen. Wenn du mir Freude schenkst, will ich mich freuen. Aber selbst, wenn du mir Schmerzen zumutest, will ich dir vertrauen und dich lieben.«

Damit folgen wir dem Beispiel des Königs selbst, der über uns herrscht: »Darum spricht er, wenn er in die Welt kommt (zum Vater): ... ›Siehe, ich komme ... daß ich tue, Gott, deinen Willen‹« (Hebräer 10, 5.7). Das sagte er, auch wenn es unvorstellbare Qualen für ihn bedeutete. Seine Unterordnung unter den Willen des Vaters gipfelte in einem einsamen Gebet, das er in der Nacht seiner Verhaftung sprach: »Mein Vater, ist's nicht möglich, daß dieser Kelch an mir vorübergehe, ohne daß ich ihn trinke, so geschehe dein Wille!« (Matthäus 26, 42).

Bis das Reich Gottes tatsächlich anbricht, bis die ganze Welt sich dem Willen des Königs beugt, mag Gottes Wille manchmal auch Schmerzen mit sich bringen, wie auch der König selbst Schmerzen erlitt. Das sind die Kosten des Gebets, das wir nicht leichtfertig beten können: »Dein Wille geschehe. Ich ordne mich ihm bedingungslos unter.«

Und so saßen meine Frau und ich an einem Dezembermorgen in einem kalten, unpersönlichen Gerichtssaal und warteten auf die Entscheidung eines Menschen. Doch weil wir gebetet hatten und weil wir Bürger eines höheren Reiches waren, wußten wir auch, daß höhere Mächte am Werk waren. Gottes Wille würde geschehen, selbst, wenn wir nicht wissen konnten, was das bedeutete. Selbst wenn Gott schwieg.

Das war vor sechzehn Jahren. Unser ältester Sohn steht jetzt auf eigenen Füßen und vor den Herausforderungen einer Welt, die sich dem Willen Gottes entgegenstellt. Von Zeit zu Zeit bete ich noch immer für seine Schwester, die Tochter, die ich nie gekannt habe.

Wir sehen nicht auf das Sichtbare, sondern auf das
Unsichtbare. Denn was sichtbar ist, das ist zeitlich;
was aber unsichtbar ist, das ist ewig.
2. Korinther 4, 18

16. Glaube:
Über den Schatten des Zweifels hinaus

Obwohl ich ihn nie gekannt habe, legte der Zwillingsbruder meiner Mutter bereits den Keim des Zweifels in mir, lange bevor ich überhaupt zum Glauben kam. Er war der Gegenstand unbeantworteter Gebete, lange, bevor ich Antworten fand. Er war, so schien es, das Objekt himmlischer Kälte, lange bevor ich die Wärme der Liebe Gottes entdeckte.

Carl starb im Alter von siebzehn Jahren an den Folgen eines Stromschlags. Er lag noch eine kurze Zeit im Koma, in der sterilen Welt eines Krankenhauses in Topeka, Kansas. Als er dort lag und zwischen Leben und Tod schwebte, beteten seine Brüder und Schwestern für ihn und klammerten sich verzweifelt an den letzten Rest ihres Glaubens. Aber er starb.

Jahre später berichtete mir meine Mutter immer wieder von dieser Zeit. Sie erzählte mir, wie sie dafür gebetet habe, daß Carl am Leben bliebe. Und sie berichtete, wie ihre Mutter schließlich eines Tages vom Krankenhaus mit der Nachricht heimkam: Carl würde nie mehr nach Hause kommen.

»Aber ich habe gebetet«, hatte meine Mutter mit schwacher Stimme gesagt. »Ich habe darum gebetet, daß er am Leben bleibt.«

Und Großmutter hatte sie mit dem Bekenntnis überrascht: »Ich habe darum gebetet, daß er stirbt.« Wäre Carl am »Leben« geblieben, er wäre unfähig gewesen zu leben. Bereits vor seinem Tod hatte dieser Elektroschock seinem Körper dauerhaften Schaden zugefügt. Und Großmutter konnte es nicht ertragen, ihren Sohn in diesem Zustand weiterleben zu sehen.

Und so rang meine Mutter mit Zweifel und Glauben, mit unbeantworteten und beantworteten Gebeten, mit der Kälte und der Wärme des Himmels.

Mit Gottes Schweigen.

Christen geben sich in der Regel nicht bewußt dem Zweifel hin, sie stellen nicht mit Absicht die Substanz ihres Glaubens in Frage. Die meisten von uns werden vom Schmerz des Lebens einfach unvermutet überfallen; die Realität des Leidens bringt unseren Glauben zu Fall. Der Zweifel überholt uns in unserm Lauf des Glaubens, weil das Leiden der Welt in unsere Ohren schreit und uns ablenkt – manchmal bis zu dem Punkt, daß der Glaubensweg selbst ganz und gar bedeutungslos erscheint. Wenn der Glaube keine Antwort auf unser Leiden hat, welchen Sinn hat er dann überhaupt?

Wenn der Glaube so wenig Kraft hat, daß seine einzige Antwort auf das Leiden in der Ignorierung des Leidens besteht, ist er sinnlos.

Ehrliche Menschen würden ehrlichen Zweifel einem unehrlichen Glauben vorziehen. Tapfere Menschen würden sagen: »Ich muß mich dem Schmerz dieser Welt in seiner ganzen Intensität stellen. Ich darf nicht vor ihm davonlaufen. Und wenn der Glaube nur ein Betäubungsmittel ist, das den Schmerz mindert, statt sich ernsthaft mit ihm auseinanderzusetzen, dann ist es aufrichtiger zu zweifeln.«

Ich habe vieles erlebt, seit ich meine Mutter zum ersten Mal von ihrem Schmerz über Carl sprechen hörte. Die Neugier des Kindes, was Zweifel und Glaube und Gebet und den Himmel betrifft, verwandelte sich zunächst in schwelende Fragen und dann zu gelegentlichem Aufflackern von Zweifel. Doch als älterer Jugendlicher und junger Erwachsener habe ich zu einem beständigen und wachsenden Glauben an Christus gefunden, der es mir ermöglichte, auch Zeiten der Not durchzustehen – ehrlich, so glaube ich – und dennoch an Gott festzuhalten. Das war mir möglich, weil Gottes Wort das Leiden beim Namen nennt, ohne mit der leeren Betäubung von munteren Worten über es hinwegzutäuschen.

Weil Gott die Realität des Leidens nicht leugnet, gibt er uns weniger Grund zum Zweifeln. Er hat unsere größten Fragen beantwortet (zumindest im allgemeinen, auch wenn das frustrierend ist), so daß er nun zu uns, wie zu Thomas, dem aufrichtigen Zweifler, sagen kann:»Selig sind, die nicht sehen und doch glauben!« (Johannes 20, 29).

Und doch, das Leben fügt uns Schmerzen zu, und wir werden von Zweifeln geplagt. Wir hörten Jesus sagen:»Wollt ihr auch weggehen?« (Johannes 6, 67). Und wir antworteten:»Herr, wohin sollen wir gehen? Du hast Worte des ewigen Lebens; und wir haben geglaubt und erkannt: Du bist der Heilige Gottes« (Johannes 6, 68.69). Aber nun drängt sich etwas so Winziges wie ein Fragezeichen zwischen uns und Gott. Es entsteht ein Riß. Er weitet sich zum Sprung.

Wohin können wir uns wenden? Wir haben alle anderen Möglichkeiten ausgeschlossen, um Christus allein nachzufolgen. Und dann fragt unser Zweifel:»Ist Christus genug?«

Wie also können wir, die wir durch den Glauben leben, dem Zweifel einen Sinn abgewinnen? Hier sind einige Richtlinien, die ich hilfreich fand.

Überlegen Sie, in welcher Gesellschaft Sie sich befinden. Es ist etwas Unheimliches um die stille Art, wie der Zweifel an uns frißt und ein Gefühl der Scham in uns hervorruft und einen Unwillen, den Zweifel zuzugeben. Auf großen Glauben sind wir stolz, aber wer will sich schon offen zu seinem Zweifel bekennen? Wer nimmt seinem Heiligenschein den Glanz, indem er eine Glaubensschwäche eingesteht? Wer sagt schon:»Bete für mich; ich zweifle an Gott«?

Doch denken Sie an Hiob, einen, den Gott selbst »fromm und rechtschaffen« (Hiob 1, 8) nennt. Zweifel nagt an ihm.

»So merkt doch endlich, daß Gott mir unrecht getan hat und mich mit seinem Jagdnetz umgeben hat. Siehe, ich schreie ›Gewalt!‹ und werde doch nicht gehört; ich rufe, aber kein Recht ist da. Er hat meinen Weg vermauert, daß ich nicht hinüber kann, und hat Finsternis auf meinen Steig gelegt. Er hat mir mein Ehrenkleid ausgezogen und die Krone von meinem Haupt genommen. Er hat mich zerbrochen um und um, daß ich dahinfuhr, und hat meine Hoffnung ausgerissen wie einen Baum. Sein Zorn ist über mich entbrannt, und er achtet mich seinen Feinden gleich« (Hiob 19, 6-11).

Hiob versank tief in Zweifel und Verzweiflung. Sollten wir uns dann schämen, an der Seite Hiobs zu stehen, als Menschen, die zum Zweifel fähig sind?

Denken Sie an die Klage Jeremias, des »weinenden Propheten«, den Gott schon vor seiner Geburt als sein Sprachrohr ausgesondert hatte (Jeremia 1, 5).

»(Gott) hat mich ummauert, daß ich nicht heraus kann, und mich in harte Fesseln gelegt. Und wenn ich auch schreie und rufe, so stopft er sich die Ohren zu vor meinem Gebet. Er hat meinen Weg vermauert mit Quadern und meinen Pfad zum Irrweg gemacht« (Klagelieder 3, 7-9).

Jeremia fragte sich, ob Gott seine Gebete überhaupt hörte. Das fragen wir uns ja auch oft.

Denken Sie an Jesus in Gethsemane. Seine seelische Qual. Seine innere Verzweiflung.

»Und er nahm mit sich Petrus und Jakobus und Johannes und fing an zu zittern und zu zagen und sprach zu ihnen: Meine Seele ist betrübt bis an den Tod; bleibt hier und wachet!

Und er ging ein wenig weiter, warf sich auf die Erde und betete, daß, wenn es möglich wäre, die Stunde an ihm vorüberginge, und sprach: Abba, mein Vater, alles ist dir möglich; nimm diesen Kelch von mir; doch nicht, was ich will, sondern was du willst!« (Markus 14, 33-36).

Denken Sie an Jesus auf Golgatha. Seine verzweifelte Einsamkeit.

»Mein Gott, mein Gott, warum hast du mich verlassen?« (Markus 15, 34).

Gott versteht unser Gefühl der Panik angesichts des Leidens besser, als wir uns vorstellen können. Gott versteht unseren Zweifel; seine auserwählten Diener haben ihn selbst durchlitten. Gott versteht Fragen, aufgrund derer wir ihn anflehen, unser Leben zu ändern; sein eigener Sohn hat eine solche Frage ausgesprochen. Doch inmitten seines Ringens mit dem Zweifel fand Hiob zu dieser Aussage des Glaubens:

»Ich weiß, daß mein Erlöser lebt, und als der letzte wird er über dem Staub sich erheben. Und ist meine Haut noch so zerschlagen und mein Fleisch dahingeschwunden, so werde ich doch Gott sehen« (Hiob 19, 25.26).

Jeremia verkündigte die Zerstörung seiner Nation und fand doch den Glauben, um diese Worte auszusprechen:

»Die Güte des Herrn ist's, daß wir nicht gar aus sind, seine Barmherzigkeit hat noch kein Ende, sondern sie ist alle Morgen neu, und deine Treue ist groß. Der Herr ist mein Teil, spricht meine Seele; darum will ich auf ihn hoffen« (Klagelieder 3, 22-24).

Jesus ergab sich bewußt in den Willen seines Vaters, auch wenn er um eine andere Lösung bat. In ähnlicher Weise mögen auch wir von Zweifeln überwältigt werden und entdecken doch in uns einen Funken Glauben, so schwach er auch sein mag. So erlebte es auch Paulus: »Wir sind von allen Seiten bedrängt, aber wir ängstigen uns nicht. Uns ist bange, aber wir verzagen nicht« (2. Korinther 4, 8).

Wenn mein Zweifel Schuldgefühle auslöst, denke ich daran, daß ich nicht allein bin.

Ich befinde mich vielmehr in guter Gesellschaft.

Finden Sie die Ursache Ihres Zweifels. Es gibt verschiedene Gründe für unseren Zweifel. Ich habe hier den Zweifel herausgestellt, der von Not und Leiden ausgelöst wird – durch die Bemühung, den Glauben mit den schmerzlichen Realitäten des Lebens zusammenzubringen. Das ist wohl für die meisten von uns das Hauptproblem. Jemand, den wir liebhatten, stirbt. Kinder verhungern. Wir werden von einer schweren Krankheit zum Krüppel gemacht. Wir verlieren unsere Arbeitsstelle. Unsere Ehe geht in die Brüche. Was bedeutet hier unser Glaube? Und wir versuchen mit aller Gewalt, unsere Zweifel in Schach zu halten, während das Leben unseren Glauben angreift. Zweifel kann also aus innerer und äußerer Not entstehen.

Doch auch legitime, intellektuelle Fragen geben uns Ursache zu zweifeln. Wir lesen in der Bibel und stolpern über Aussagen, die zumindest widersprüchlich erscheinen. Es will uns nicht gelingen, 1. Mose 1 mit 1. Mose 2 in Einklang zu bringen. Wir denken an die Wunder Christi und wissen, daß ein Evangelium einen blinden Bettler erwähnt, ein anderes zwei. Wir stolpern über Evolution und Schöpfung. Wir finden die Jungfrauengeburt fragwürdig. Wir sind ehrlich in unserer Suche nach dem Glauben, aber wir wissen nicht, wie wir mit berechtigten Fragen umgehen sollen. Und Zweifel steigen in uns auf.

Zweifel kann auch aus Unglauben kommen. Das mag selbstverständlich klingen, doch Zweifel und Unglaube sind nicht notwendigerweise dasselbe. Manchmal ist unser Zweifel Glaube, der nach einer sicheren Grundlage sucht. Manchmal ist er jedoch Meuterei gegen den Glauben selbst. Im ersten Fall gleichen wir dem Mann, der zu Jesus sagt: »Ich glaube; hilf meinem Unglauben!« (Markus 9, 24). Im zweiten Fall sind wir wie das ungläubige Volk Israel, von dem gesagt wird: »Aber das Wort der Predigt half jenen nichts, weil sie nicht glaubten, als sie es hörten« (Hebräer 4, 2). Der Zweifel rührt also auch von einem bewußten Unglauben.

Ob bewußt oder unbewußt, wir benutzen den Zweifel manchmal, um unseren Ungehorsam zu rationalisieren. Wir lesen die harten Worte der Schrift und ihre Anforderungen an uns, und plötzlich sind wir uns unseres Glaubens nicht mehr so sicher. Zufall? Ist das denn ehrlicher Zweifel oder einfach nur Sünde, die wir ein wenig übertünchen? Diese Art des Zweifels mag wie intellektuelles Fragen aussehen; in Wahrheit ist er ganz einfach Unglaube.

Der Hebräerbrief ermahnt uns, daß »nicht jemand zu Fall komme durch den gleichen (Israels) Ungehorsam«, und erinnert uns dann: »Das Wort Gottes ist lebendig und kräftig und schärfer als jedes zweischneidige Schwert, und dringt durch, bis es scheidet Seele und Geist, auch Mark und Bein, und ist ein Richter der

Gedanken und Sinne des Herzens. Und kein Geschöpf ist vor ihm verborgen, sondern es ist alles bloß und aufgedeckt vor den Augen Gottes, dem wir Rechenschaft geben müssen« (Hebräer 4, 11-13).

Wenn uns der Zweifel überfällt, müssen wir uns überlegen, woher unsere Fragen kommen. Überdecken wir Sünde mit dem Mäntelchen des »Zweifels«? Benutzen wir den Zweifel als eine Entschuldigung, um Gottes Werk in uns zu widerstehen? Sind wir bereit, diese Zweifel und unsere Beweggründe von der Schrift beleuchten zu lassen?

Zweifel kommt in uns auf. Intellektuelle Fragen fordern vernünftige Antworten. Wie groß ist unsere Bereitschaft, die Bibel ganz offen und ehrlich zu lesen und zu studieren? Sind wir offen dafür, Glauben und Denken miteinander in Einklang zu bringen?

Fast reflexartig bricht der Zweifel in unserem Leiden auf. Sind wir bereit, unsere Fragen vor einen Gott zu bringen, der mit uns leidet, selbst wenn befriedigende Antworten noch auf sich warten lassen?

Woher kommen die Zweifel? Das ist eine nicht unerhebliche Frage.

Akzeptieren Sie die Tatsache, daß Ihr Glaube ein Wachstumsprozeß ist. Meine Mutter hatte schon am Grab ihres Vaters gestanden, als ihr siebzehnjähriger Bruder starb. Carls Tod hatte mit Sicherheit einige Fragen über Gott aufgeworfen. Doch Jahre später saß sie täglich am Bett von Marian, einer guten Freundin, die kurz vor ihrem Tod stand. Der Krebs schien so wahllos zuzuschlagen. Warum gerade Marian?

Und Marians Glauben wankte. Welche Erinnerungen stiegen in meiner Mutter auf, als Marian ihre Zweifel äußerte, als sie Gottes Liebe in Frage stellte? Was dachte meine Mutter, als Marians kleine Tochter sagte: »Ich verstehe das nicht. Ich habe dafür gebetet, daß Mama gesund wird, und es ist nicht geschehen«?

Ich bin nicht sicher, auf welche Weise das geschah, aber meine Mutter hat mit ihren Fragen Frieden geschlossen. Sie hatte die innere Freiheit, einer Freundin in ihren Zweifeln beizustehen. Ich glaube nicht, daß ihre eigenen Fragen gelöst waren. Ich glaube nicht, daß sie frei war von Zweifeln. Aber die Fragen trieben sie nicht mehr so um wie zuvor.

Glaube und Zweifel sind keine Gegensätze – wir stehen nicht entweder auf der Seite des Glaubens oder auf der Seite des Zweifels. Wir wachsen vielmehr in den Glauben hinein und aus dem Zweifel heraus. Allmählich. Und wir gehen beileibe nicht immer vorwärts – aus dem Zweifel heraus und in den Glauben hinein.

Wenn wir eine teilweise gefüllte Tasse sehen, fragen wir uns manchmal: Ist die Tasse halb voll oder halb leer? Wenn wir uns den Glauben als den Inhalt einer Tasse vorstellen, ist sie halb voll mit Glauben oder halb voll mit Zweifeln? Und wenn wir auf die Tasse – unsere Erfahrung – sehen und wir sehen sie halbvoll mit Zweifeln, ist der Zweifel etwa alles, was wir sehen?

Wenn Gott die halb volle und halb leere Tasse sieht, was sieht er da? Den Zweifel? Oder den Glauben? Oder nehmen wir einmal ein anderes Bild: Wenn wir den Glauben mit einem kleinen Samenkorn vergleichen – sagen wir, einem Senfkorn –, kann Gott das sehen? Bewegt ihn das? Oder sieht er nur auf den großen Zweifel, der dieses kleine unscheinbare Samenkorn des Glaubens umgibt?

Wir kennen die Antwort; Gott sieht solchen Glauben. Und er berührt sein Herz.

Hätten wir Gideon gesehen, wie er sich in der Weinpresse versteckte oder im Schutz der Dunkelheit den Baalsaltar niederriß, hätten wir dann ausgerufen: »Was für ein großer Mann des Glaubens!« oder »Dieser Glaubensschwächling!«? Hebräer 11 nennt ihn in der langen Aufzählung der Menschen des Glaubens.

Was hat Gott gesehen?

Einen Glauben im Wachstum.

Zweifel kann also Teil dieses Wachstumsprozesses sein. Das kann ein Glaube sein, der das wahre Leben, ja, das Schlimmste sieht, und mit aller Macht versucht, Glauben und Leben miteinander in Einklang zu bringen. Dieses Ringen zwischen dem Glauben und dem Leben nennen wir Zweifel. Genauer gesagt, handelt es sich manchmal um einen Glauben, der sich ausstreckt, der

wächst. Wenn nur ein Funken Glaube da ist, ist die Tasse halb
voll, nicht halb leer.

Aber wir wollen uns nicht zu leicht mit dem Zweifel abfinden.
Ich habe zu viele Bücher gelesen und zu viele Vorträge gehört, die
den Glauben scheinbar wie eine Tugend behandeln. Wir geben zu,
daß der Zweifel etwas Alltägliches ist, daß er nicht notwendigerweise eine Sünde ist. Er ist ein Prozeß. Aber wenn auch solche
Ehrlichkeit eine Tugend ist, der Zweifel ist es nicht. Wir dürfen
Hebräer 11 nicht umschreiben, und Zweifel statt Glauben einsetzen. Der Glaube ist das Wesen der Dinge, auf die wir unsere
Hoffnung setzen; der Zweifel ist bestenfalls der Schatten.
»Wir wandeln im Glauben und nicht im Schauen« (2. Korinther
5, 7). Im Glauben liegt der Wert, nicht im Zweifel. »Selig sind,
die nicht sehen und doch glauben!« (Johannes 20, 29).

Behalten Sie die Perspektive der Ewigkeit im Blick. Bestimmte
Schriftstellen sind uns ganz besonders eindrücklich. Als ich über
Glauben und Zweifel nachdachte, kam ich immer wieder auf den
2. Korintherbrief zurück. Im elften Kapitel vergleicht Paulus seine
Erfahrungen mit denen der falschen Apostel. Das Kapitel strebt
seinem Höhepunkt zu:

»Ich habe mehr gearbeitet, ich bin öfter gefangen gewesen, ich
habe mehr Schläge erlitten, ich bin oft in Todesnöten gewesen.
Von den Juden habe ich fünfmal erhalten vierzig Geißelhiebe
weniger einen; ich bin dreimal mit Stöcken geschlagen, einmal
gesteinigt worden; dreimal habe ich Schiffbruch erlitten, einen
Tag und eine Nacht trieb ich auf dem tiefen Meer. Ich bin oft
gereist, ich bin in Gefahr gewesen durch Flüsse, in Gefahr unter
Räubern, in Gefahr unter Juden, in Gefahr unter Heiden, in
Gefahr in Städten, in Gefahr in Wüsten, in Gefahr auf dem Meer,
in Gefahr unter falschen Brüdern; in Mühe und Arbeit, in viel
Wachen, in Hunger und Durst, in viel Fasten, in Frost und Blöße;
und außer dem noch all das, was täglich auf mich einstürmt, und
die Sorge für alle Gemeinden. Wer ist schwach, und ich werde
nicht schwach? Wer wird zu Fall gebracht, und ich brenne nicht?«
(Verse 23-29).

Wie konnte Paulus überhaupt so weitermachen? Warum wurde

er nicht völlig vom Zweifel gelähmt? Derselbe Brief gibt uns die Antwort darauf.

»Darum werden wir nicht müde; sondern wenn auch unser äußerer Mensch verfällt, so wird doch der innere von Tag zu Tag erneuert. Denn unsere Trübsal, die zeitlich und leicht ist, schafft eine ewige und über alle Maßen gewichtige Herrlichkeit, uns, die wir nicht sehen auf das Sichtbare, sondern auf das Unsichtbare. Denn was sichtbar ist, das ist zeitlich; was aber unsichtbar ist, das ist ewig« (2. Korinther 4, 16-18).

Was hielt Paulus aufrecht?

Eine Perspektive.

Das Leben gibt uns Rätsel auf. Gott läßt auf seinem Planeten so viel Schreckliches zu. Holocaust und Hiroshima. Abtreibung und Inzest. Hunger und Krankheit. Katastrophen und Gewalt. Tod. Wir können in dem Leben, wie wir es kennen, nicht dem Leiden entrinnen. Umgeben von den Annehmlichkeiten des heutigen Lebens können wir der Frage eine Zeitlang geschickt ausweichen. Aber früher oder später holt uns die Realität ein. Wir werden vom Zweifel überwältigt. Was hält uns aufrecht?

Eine Perspektive.

Es gibt mehr. Dieses Leben ist nicht alles. Gott wird alles Unrecht richtigstellen. Wir sind ihm nicht gleichgültig. Er ist nicht machtlos. Er wartet. Und wenn wir in der Zwischenzeit von Zweifeln überwältigt werden, liegt die Ursache vielleicht eher in unserer Ungeduld als in einem echten Unglauben.

Ich habe meinen Onkel nie gekannt, aber weil er gelebt hat – und gestorben ist –, habe ich Zweifel und Glauben, erhörte und nicht erhörte Gebete, die Kälte und die Wärme des Himmels kennengelernt. Und das Schweigen Gottes. Carl, der Onkel, den ich nie gekannt habe, war nur der Anstoß zu den Fragen, die mir das Leben seit meiner Kindheit immer wieder aufgegeben hat.

Ich bin heute davon überzeugt, daß der Himmel warm und freundlich ist, nicht kalt und gleichgültig. Ich bin davon überzeugt, daß meine Gebete erhört und beantwortet werden, nicht ignoriert und vergessen. Ich glaube fest daran, daß Gott spricht, selbst durch sein Schweigen. Ich habe zu einem Glauben gefunden, der sich auf Christus gründet und der Jahr für Jahr stärker wird, obwohl zu manchen Zeiten immer noch Zweifel da sind.

Ich warte ganz einfach ungeduldig auf etwas Besseres.

Aber wie stark ist der Glaube?

Kann er uns angesichts des Schweigens Gottes durch das Schlimmste hindurchtragen, was uns im Leben begegnet?

Kann er uns in unserer größten Angst Halt geben?

Meine Tage sind dahin wie ein Schatten,
und ich verdorre wie Gras.
Du aber, Herr, bleibst ewiglich
und dein Name für und für.
Du wollest dich aufmachen und über Zion erbarmen.
Psalm 102, 12-14

17. Angst:
Die letzte Prüfung unseres Vertrauens

Endlos muß unser Schrecken sein, bis wir Auge in Auge vor der
Seele, dem inneren Kern des Universums stehen, dem Ersten und
dem Letzten des Lebendigen.
George MacDonald

Ich habe versucht, mich an meine frühesten Ängste zu erinnern,
und ich muß gestehen, daß sich das als etwas schwierig erwiesen
hat. Ich entsinne mich jedoch an einen Vorfall, der Angst ausgelöst haben könnte, es aber nicht tat. Ich war nicht älter als vier,
und mein Vater, ein Steuerer der Marine der Vereinigten Staaten,
war in Adak, Alaska, auf den Aleuten, stationiert. Er hatte einen
freien Tag, und die Familie machte einen Ausflug, um die öde
Insel zu entdecken. Ich erinnere mich, daß ich mich ein wenig
von meiner Familie entfernt hatte, wahrscheinlich kaum mehr als
ein paar Meter. Aber es war weit genug. Ich lief an den Rand
einer Klippe – ich weiß heute nicht mehr, wie hoch sie war; mir
schien sie damals ungeheuer tief hinabzufallen. Ich war neugierig
und fasziniert, schob meine Füße immer näher an den Rand des
Abgrunds heran und versuchte, sie genau an die Trennlinie zwischen Felsen und Luft zu plazieren. Ich merkte nicht, in welcher
Gefahr ich mich befand.

Alles Weitere geschah ganz schnell.

Jemand fragte:»Wo ist Jimmy?« Meine Mutter hielt den Atem an, als sie sah, in welcher Gefahr ich schwebte. Und ich wurde von starken Armen hochgehoben, vom Rand des Abgrunds weggezogen und ins Auto gesteckt.

Mein Vater hatte eingegriffen.

Und während ich jetzt über Angst nachdenke, fällt mir auf, wie sehr Gott meinem Vater gleicht. Er sieht uns in unserer Gefahr (ob wir sie erkennen oder nicht) und greift so oft ein und bringt uns in Sicherheit.

König David drückt das so aus:»(Der Herr), der dein Leben vom Verderben erlöst, der dich krönet mit Gnade und Barmherzigkeit« (Psalm 103, 4).

Was haben wir mit so einem Gott noch zu befürchten?

Auf der anderen Seite fällt mein Blick beim Umwenden der Seite auf Psalm 102 und auf diese Worte:»Denn meine Tage sind vergangen wie ein Rauch, und meine Gebeine sind verbrannt wie Feuer. Mein Herz ist geschlagen und verdorrt wie Gras, daß ich sogar vergesse, mein Brot zu essen. Mein Gebein klebt an meiner Haut vor Heulen und Seufzen. ... Täglich schmähen mich meine Feinde, und die mich verspotten, fluchen mit meinem Namen. Denn ich esse Asche wie Brot und mische meinen Trank mit Tränen vor deinem Drohen und Zorn, weil du mich hochgehoben und zu Boden geworfen hast. Meine Tage sind dahin wie ein Schatten, und ich verdorre wie Gras« (Verse 4-6.9-12).

Mein Leben vom Verderben erlöst. Meine Feinde schmähen mich.

Nichts zu befürchten. Furchtbare Angst.

Die Bibel beschreibt beides: einen Grund zu vertrauen und einen Grund, sich zu fürchten.

Es besteht natürlich genügend Grund zur Furcht. Wer das Weltgeschehen verfolgt, weiß das. Und bei soviel Grund zu Befürchtungen, so vielen potentiellen Gefahren, ist es doch ganz natürlich, wenn wir fragen: Wo ist Gott? In der Schrift wird immer wieder diese Frage gestellt, so wie wir sie uns stellen.

Doch an dieser Stelle möchte ich meine Verärgerung zum Ausdruck bringen, daß wir wohlhabenden Christen dieses Gleichgewicht von Vertrauen und Angst nur langsam begreifen. Unsere Reaktion auf die weltweiten Katastrophen (oder das Leid eines Nachbarn) ist doch oft, daß wir all das nicht wahrhaben wollen. Wir neigen dazu, Leid und verständliche Angst herunterzuspielen, sind schnell bereit, Psalm 103 zu zitieren, wenn es um uns selbst geht, und verdrängen den Psalm 102, wenn es sich um andere handelt.

In Zeiten der Angst kam mir immer wieder ein bestimmtes Lied in den Sinn: »Groß ist deine Treue«. Diese Hymne wird gern an Gedenkgottesdiensten oder Erntedankfesten gesungen. Sie ist ein unübertroffener Ausdruck des Vertrauens in Gottes Güte.

Ich erinnere mich, wie überrascht ich war, als ich entdeckte, daß diese große Hymne direkt aus dem dritten Kapitel der Klagelieder stammt. Als ich den Propheten las, fiel mein Blick auf diese Aussage über die Güte Gottes – einer Insel der Hoffnung inmitten grauenhafter Erfahrungen. Das Kapitel beginnt mit den Worten: »Ich bin der Mann, der Elend sehen muß« (Vers 1) und faßt unsägliches Elend mit dem Satz zusammen: »Wir werden gedrückt und geplagt mit Schrecken und Angst« (Vers 47). Und dazwischen steht die Aussage: »Die Güte des Herrn ist's, daß wir nicht gar aus sind, seine Barmherzigkeit hat noch kein Ende, sondern sie ist alle Morgen neu, und deine Treue ist groß« (Verse 22.23). Für viele Menschen entspricht diese schwindelerregende Wendung vom Elend zur Hoffnung, von der Angst zu Gottes Treue der Realität ihres Lebens.

Andere unter uns haben ziemlich abgeschirmt gelebt und sind von Leid verschont geblieben. Wir haben vielleicht das Gefühl, daß unser Glaube ein Schild ist, nicht nur gegen Satans flammende Pfeile auf unser geistliches Leben, sondern auch gegen die Schrecken des Lebens wie Krankheit, Unfall oder Gewalt. Wir klammern uns an Bibelverse, die wir aus dem Zusammenhang reißen und die uns Schutz oder Wohlstand verheißen, während Dreiviertel der Weltbevölkerung sich unter »Wohlergehen« und »Sicherheit« notgedrungen etwas ganz anderes vorstellen müssen als wir. Für viele von uns bedeutet Segen Erfolg, geistliches Leben wird mit Wohlstand gleichgesetzt, und der Begriff Furcht bedeutet uns gar nichts. Nicht so sehr, weil wir eine Garantie dafür hätten, daß Gott in unser Leben eingreift, nicht eigentlich deswegen, sondern wegen des Vorrechts, im Wohlstand geboren zu sein. Wir genießen ein mehr oder weniger problemloses Leben, nicht, weil wir einen so starken Glauben hätten, sondern weil wir, nach einer gütigen Vorsehung Gottes, so selten mit Leid konfrontiert wurden.

Es gibt allerdings auch Christen, denen es anders ergangen ist. Sie haben durch schreckliche Erfahrungen gelernt, daß wir vorerst in einer gefallenen Welt leben. Und ein schweigender Gott bewahrt uns nicht immer vor Bösem.

Ich erinnere mich an einen jungen Mann in einer Sonntagsschulklasse am College, die ich unterrichtete, einen begabten Cellisten. Er war gerade jungverheiratet von Chicago nach Atlanta gezogen, wo er eine Arbeit bei einem Autohändler angenommen hatte, um die Kosten für seine musikalischen Studien und seine landesweiten Auftritte aufzubringen. Er machte gerade mit einem Kunden eine Testfahrt, als der Mann ihn mit dem Gewehr bedrohte, ihn zwang, auszusteigen, und ihn erschoß. Ich erinnere mich noch an den Schock, als wir von dem Mord erfuhren. Ein tiefes Mitgefühl überkam mich, als ich mir das Entsetzen ausmalte, das er in jenen wenigen Augenblicken, bevor er erschossen wurde, empfunden haben mußte. Und ich fragte mich, welches Wort Christus für ihn haben könnte, um eine solche Angst zu bezwingen, ganz zu schweigen von Worten des Trostes für seine junge Frau.

Er war Christ.

Er vertraute Gott.

Aber Gott griff nicht ein, um sein Leben zu retten.

Die gleichen Gefühle verspürte ich ein paar Jahre später, als ich erfuhr, daß der Tochter eines Freundes etwas Ähnliches widerfahren war. Aber aus irgendeinem Grund rief mir diese zweite Konfrontation mit Gewalt und nachempfundener Angst Worte Jesu in den Sinn, die für mich seither eine seltsame Quelle des Trostes und der Kraft waren. Ich sage »seltsam«, weil es keine süßen und sanften Worte sind. Es sind harte, kantige Worte, die nahezu ironisch klingen.

»Ich sage aber euch, meinen Freunden: Fürchtet euch nicht vor denen, die den Leib töten und danach nichts mehr tun können. Ich will euch aber zeigen, vor wem ihr euch fürchten sollt: Fürchtet euch vor dem, der, nachdem er getötet hat, auch Macht hat, in die Hölle zu werfen. Ja, ich sage euch, vor dem fürchtet euch« (Lukas 12, 4.5).

Habt keine Angst? Fürchtet euch nicht vor denen, die den Leib töten und danach nichts mehr tun können? Was bleibt denn noch, wenn sie den Leib getötet haben?

Viel, viel mehr, als wir uns vorstellen können.

Wenn der Leib getötet ist, ist da noch die unendliche Ewigkeit. Wenn der Leib getötet ist, bleibt uneingeschränkte Geborgenheit oder die Verdammung eines heiligen Gottes. Wenn der Leib getötet ist, ist das Ende unserer irdischen Furcht gekommen und der Anfang unvorstellbarer Hoffnung oder beispiellosem Schrecken. Wenn der Leib getötet ist, fängt erst alles an.

Was ich damit sagen will, ist, daß eine gesunde Gottesfurcht die menschliche Furcht in die richtige Perspektive rückt; und eine solche Sichtweise brauchen wir, wenn die Angst uns überfällt. Wenn wir mit Krankheit, Unfall oder sogar Gewalttat konfrontiert werden, wenn wir aller irdischen Hoffnung beraubt sind, kann nichts unsere Angst mindern als ein klarer Blick in das Angesicht Gottes.

Ich habe mich oft gefragt, wie die Märtyrer nicht so sehr den Tod, sondern die Aussicht auf den bevorstehenden Tod aushielten. Den Schrecken zu wissen, daß das Schlimmste geschehen würde.

Was kann einen Menschen in dieser absoluten Grenzerfahrung des Lebens aufrechterhalten?

Ein klarer Blick in das Angesicht Gottes.

Ich hatte Freunde, die erfuhren, daß ihre Krankheit zum Tode führen würde und die irgendwie die Gnade fanden, die sie durch dieses Trauma hindurchtrug, bis zum Schluß. Das ging nicht ohne Kämpfe, Fragen, Zweifel oder Ängste ab. Aber auch nicht ohne

Gnade. Wenn die Angst in ihnen aufstieg, was brachte sie dazu, ihr Schicksal anzunehmen?

Ein klarer Blick in das Angesicht Gottes.

Wir können die Furcht nicht bezwingen, so lange sie eine undurchdringliche Mauer ist, die uns von allen Seiten einschließt. Aber wenn wir über diese Angst hinaussehen, wenn wir durch sie hindurch in das Angesicht Gottes sehen können, wenn wir sehen, wie die Ewigkeit unsere Gegenwart durchdringt, dann kann uns diese Perspektive aufrechterhalten, unabängig davon, was wir ertragen müssen.

Was aber ist das: ein klarer Blick in das Angesicht Gottes? Und wie können wir es deutlich erkennen?

Stephanus ist dafür ein sehr anschauliches Beispiel. Als er den Märtyrertod starb, öffnete sich der Himmel, um ihn zu empfangen.

»Er (Stephanus) aber, voll heiligen Geistes, sah auf zum Himmel und sah die Herrlichkeit Gottes und Jesus stehen zur Rechten Gottes und sprach: Siehe, ich sehe den Himmel offen und den Menschensohn zur Rechten Gottes stehen.

Sie schrien aber laut und hielten sich ihre Ohren zu und stürmten einmütig auf ihn ein, stießen ihn zur Stadt hinaus und steinigten ihn. Und die Zeugen legten ihre Kleider ab zu den Füßen eines jungen Mannes, der hieß Saulus, und sie steinigten Stephanus; der rief den Herrn an und sprach: Herr Jesus, nimm meinen Geist auf! Er fiel auf die Knie und schrie laut: Herr, rechne ihnen diese Sünde nicht an! Und als er das gesagt hatte, verschied er« (Apostelgeschichte 7, 55-60).

Was Stephanus Kraft verlieh, so können wir annehmen, war ein direkter Blick in das Angesicht Gottes – vielleicht eine Gabe des Heiligen Geistes in dieser besonderen Stunde der Not. Doch diese Vision hatte er nicht etwa gesucht oder erwartet, er scheint eher überrascht, als er sie vor sich sieht. Ich schließe aus dem Erleben des Stephanus folgendes: Er hatte einen klaren Blick in das Angesicht Gottes, lange bevor seine Augen für das geöffnet wurden, was seinen Feinden verborgen war – die Herrlichkeit des Himmels.

Warum sage ich das? Verfolgen Sie einmal die Geschichte des Stephanus in Apostelgeschichte 6 und 7, all die Ereignisse, die schließlich zu seinem Tod führten. Die Gemeinde in Jerusalem, die bereits Tausende von Mitgliedern zählte, war auf der Suche nach sieben vorbildlichen Männern »voll heiligen Geistes und Weisheit« (6, 3), die die Nahrungsverteilung an die Witwen überwachen sollten. Unter den vielen hundert möglichen Kandidaten wurde Stephanus ausgewählt, ein Mann »voll Glaubens und heiligen Geistes« (6, 5). Im Laufe des Berichts wird Stephanus auch beschrieben als ein Mann »voll Gnade und Kraft«, der »Wunder und große Zeichen unter dem Volk« tat (6, 8).

Es erhob sich Widerstand gegen Stephanus, doch sie konnten nichts gegen ihn vorbringen, denn »sie vermochten nicht zu widerstehen der Weisheit und dem Geist, in dem er redete« (6, 10). So wie im Falle Jesu, wurden auch gegen Stephanus falsche Anschuldigungen vorgebracht, und er wurde vor den Hohen Rat geführt. Aber als sie ihn anschauten, sahen sie »sein Angesicht wie eines Engels Angesicht« (6, 15).

Die Anklage wurde erhoben, und Stephanus begann seine Verteidigungsrede. Aber worin bestand seine Verteidigung? Indem er von der Geschichte Gottes mit seinem Volk berichtete, wie eine Nation sich von Gott entfernt hatte, von der liebevollen Zuwendung dieses Gottes zu seinem Volk, die in dem zurückgewiesenen Geschenk des Christus ihren Höhepunkt fand. Und dieser Mann – voll heiligen Geistes und Weisheit, voll Glaubens und Heiligen Geistes, voll Gnade und Kraft – sah über seine furchtbaren Umstände hinaus in die Ewigkeit und in das Angesicht Gottes.

Vielleicht wird im Augenblick unserer größten Angst der Geist unsere Augen öffnen, damit wir einen direkten Blick tun können in die Herrlichkeit des Himmels. Das ist schon geschehen. Aber es sind unser Erkennen, daß Gottes Wesen Liebe ist, und unsere Einsicht, daß er die Geschichte lenkt, die uns den ersten Blick in sein Gesicht gewähren. Es sind der Geist und Weisheit und Glaube und Gnade, die uns zuerst die Augen öffnen, so daß wir in der Zeit der Angst das Angesicht Gottes sehen.

Denken Sie nur an das schreckliche Erleben des Paulus. Wir

waren »über die Maßen beschwert ... und über unsere Kraft, so daß wir auch am Leben verzagten und es bei uns selbst für beschlossen hielten, wir müßten sterben. Das geschah aber, damit wir unser Vertrauen nicht auf uns selbst setzten, sondern auf Gott, der die Toten auferweckt« (2. Korinther 1, 8.9).

»Wir sind von allen Seiten bedrängt, aber wir ängstigen uns nicht. Uns ist bange, aber wir verzagen nicht. Wir leiden Verfolgung, aber wir werden nicht verlassen. Wir werden unterdrückt, aber wir kommen nicht um« (4, 8.9).

»Darum werden wir nicht müde; sondern wenn auch unser äußerer Mensch verfällt, so wird doch der innere von Tag zu Tag erneuert. Denn unsere Trübsal, die zeitlich und leicht ist, schafft eine ewige und über alle Maßen gewichtige Herrlichkeit, uns, die wir nicht sehen auf das Sichtbare, sondern auf das Unsichtbare. Denn was sichtbar ist, das ist zeitlich; was aber unsichtbar ist, das ist ewig« (4, 16-18).

Und er faßt zusammen: »Wir wandeln im Glauben und nicht im Schauen« (5, 7).

Vor diesem Hintergrund wiederhole ich noch einmal die seltsam tröstlichen Worte Jesu gegen die Angst: »Ich sage aber euch, meinen Freunden: Fürchtet euch nicht vor denen, die den Leib töten und danach nichts mehr tun können. Ich will euch aber zeigen, vor wem ihr euch fürchten sollt: Fürchtet euch vor dem, der, nachdem er getötet hat, auch Macht hat, in die Hölle zu werfen. Ja, ich sage euch, vor dem fürchtet euch« (Lukas 12, 4. 5).

Eine gesunde Gottesfurcht, eine Erkenntnis, wer dieser Gott ist – die »Seele, der innere Kern des Universums«, der »Erste und der Letzte des Lebendigen« –, bringt die menschliche Furcht in die richtige Perspektive.

Die Gottesfurcht als Quelle des Trostes gewinnt eine noch größere Eindringlichkeit, wenn diese Verse im Zusammenhang betrachtet werden. Denn in den Versen davor und danach wird uns die Souveränität und Fürsorge unseres Gottes vor Augen geführt.

Alles, was wir erleben, wird von unserem liebenden Gott gesehen und gehört. Jesus hatte seinen Freunden unmittelbar zuvor gesagt: »Es ist aber nichts verborgen, was nicht offenbar wird, und nichts geheim, was man nicht wissen wird. Darum, was ihr in der Finsternis sagt, das wird man im Licht hören; und was ihr ins Ohr flüstert in der Kammer, das wird man auf den Dächern predigen. Ich sage aber euch, meinen Freunden: Fürchtet euch nicht« (Lukas 12, 2-4).

Der Parallelabschnitt in Matthäus 10, als Jesus seine zwölf Jünger aussendet, läßt bereits die Realität des Märtyrertums ahnen und gipfelt in diesen Worten: »Was ich euch sage in der Finsternis, das redet im Licht; und was euch gesagt wird in das Ohr, das predigt auf den Dächern. Und fürchtet euch nicht« (10, 27.28).

Und nun vergleichen Sie das mit den Erfahrungen von Paulus und Stephanus. Oder mit unseren eigenen schrecklichen Erlebnissen.

Nichts ist vor den Augen und Ohren unseres liebenden Gottes verborgen. Und es ist keineswegs abwegig zu sagen: Wenn der Arzt Ihnen eine schlechte Nachricht überbringt, hört das auch Gott. Und wenn Sie im Dunkeln durch einen Gewalttäter bedroht werden – Gott weiß darum, sieht und hört es, und es ist ihm nicht gleichgültig.

Wir sind nicht vergessen. Auf Jesu Worte von Angst, Mord und Hölle folgt nicht ein Versprechen der Befreiung, sondern diese schlichte Versicherung: »Verkauft man nicht fünf Sperlinge für zwei Groschen? Dennoch ist vor Gott nicht einer von ihnen vergessen. Aber auch die Haare auf eurem Haupt sind alle gezählt. Darum fürchtet euch nicht; ihr seid besser als viele Sperlinge« (Lukas 12, 6.7).

In Psalm 103 wird Gott so beschrieben: »Der dein Leben vom Verderben erlöst, der dich krönet mit Gnade und Barmherzigkeit« (Vers 4). Doch selbst Psalm 102 erhebt sich über die Angst: »Meine Tage sind dahin wie ein Schatten, und ich verdorre wie Gras«, klagt der Psalmist und fügt dann hinzu: »Du aber, Herr, bleibst ewiglich und dein Name für und für. Du wollest dich aufmachen und über Zion erbarmen« (Verse 12-14).

Ich wünschte, ich könnte sagen, daß das bloße Lesen der Bibel mich von der Furcht befreit hat. Das ist nicht der Fall. Aber langsam wird meine Sichtweise geändert. Ich kenne nicht Gottes Willen für mein Leben auf dieser Erde, wenn ich vor Angst nicht mehr ein noch aus weiß. Vielleicht werden mich seine starken Arme in der letzten, scheinbar ausweglosen Sekunde hochnehmen und mich von der Gefahr wegziehen. Aber selbst wenn er das nicht tut, selbst wenn ich in den Abgrund meiner schlimmsten Ängste geschleudert werde, weiß ich, daß ich von seinen starken Armen aufgefangen werde.

Meine getrübte Sicht wird immer klarer, und das, was ich dann sehe, ist sicher das Angesicht Gottes.

Die Augen des Herrn sehen auf die Gerechten,
und seine Ohren hören auf ihr Gebet.
1. Petrus 3, 12

Das ist die Zuversicht, die wir haben zu Gott:
Wenn wir um etwas bitten nach seinem Willen,
so hört er uns.
1. Johannes 5, 14

18. Gebet:
Monologe mit Gott?

Als neubekehrter Christ war ich fasziniert von den Mechanismen des Gebets. In jenen ersten Monaten verbrachte ich einige Wochen mit einer Gruppe von Christen, die reifer waren als ich. Sie waren für mich wie ältere Brüder und Schwestern. Wenn wir zusammen beteten, was wir drei oder viermal am Tag taten, schienen ihre Gebete soviel eindrucksvoller zu sein als meine. Ich merkte, daß es einen besonderen Wortschatz gab, den offenbar nur Eingeweihte kannten. Meine reiferen Freunde klangen so fromm, und wenn jemand in der Gebetsgemeinschaft etwas besonders treffend ausdrückte, löste das manchmal einen Chor von »Amen« und »Ja, Herr« seitens der anderen aus.

Meine eigenen Gebete waren dagegen zunächst primitiv und geradeheraus. Es waren Gedanken, Fragen oder Bitten, die ich mehr oder weniger hervorsprudelte, mit unbeholfenen Einleitungen oder Schlußworten, die ich aus dem religiösen Vokabular zusammenstellte, das ich in mich aufzunehmen begann. Wenn ich in der Gruppe laut betete und jemand eine Formulierung mit einem »Amen« oder »Ja, Herr« bekräftigte, wurde ich abgelenkt von der freudigen Erregung, daß mein Gebet bei ihnen Anklang gefunden hatte, und ich war so durcheinandergebracht, daß ich den Faden verlor. In diesen Wochen hörte ich den anderen genau zu, um die richtigen Ausdrücke aufzuschnappen, die ich dann in meine eigenen Gebete einflocht, und ich wußte, daß ich Fortschritte machte, als die anderen solche Sprachgewandtheit immer häufiger mit einem bestätigenden »Amen« bedachten.

An einem Nachmittag ungefähr zur Halbzeit unseres Einsatzes hatte ich Gelegenheit, mit unserem Gruppenleiter Stan, der vier Jahre älter war als ich, allein zu beten. In ihm sah ich all das, was mir als Christ erstrebenswert erschien: Er war ernst und doch witzig; sensibel, aber auch selbstsicher. Und vor allem ungeheuer fromm. Stan betete als erster an diesem Nachmittag, er wählte schöne Worte, und sein Gebet zog sich ziemlich in die Länge, während ich ihn sozusagen anspornte, indem ich hin und wieder ein zustimmendes Gemurmel hören ließ, wie ich es von meinen Mitchristen aufgeschnappt hatte. Stan brachte ein Problem vor Gott, und ich flüsterte »Ja, Herr« in demselben Tonfall, wie ich es so viele Male von ihm selbst gehört hatte. Er pries die Herrlichkeit oder Güte Gottes, und ich bestätigte seine Aussage mit einem aufrichtigen »Amen«.

Nach einer Weile fiel Stan offenbar nichts mehr ein, und er schwieg. Ich nahm die Stille zum Anlaß, um mich ihm mit einer Unzahl von Gebetsanliegen anzuschließen, die ich auf dem Herzen hatte. Als ich eine Weile gebetet hatte, bekam ich mit einem Mal ein zwiespältiges Gefühl, und ich konnte mich nicht mehr so recht konzentrieren. Ich wußte, daß das, was ich sagte, gut klang, aber mir fiel nun auf, daß Stan mich nicht einmal gelegentlich mit einem »Amen« oder »Ja, Herr« bestätigte. Nicht das kleinste fromme Gemurmel der Zustimmung. Was machte ich falsch?

Ich hielt inne. Und dann hörte ich es. Stan schnarchte!

Verärgert hörte ich mitten im Satz zu beten auf, erhob mich und verließ das Zimmer. Warum sollte ich beten, wenn mir sowieso keiner zuhörte!

Ich ging also aus dem Zimmer, schloß leise die Tür hinter mir und ließ mich auf die Couch im Wohnzimmer fallen. Dann dämmerte es mir. *Warum sollte ich beten, wenn mir sowieso keiner zuhörte?* Wer hatte mir denn zugehört, als ich meinen Kopf senkte und meinen Mund öffnete? Stan?

Am nächsten Morgen stand ich früh auf, duschte mich und machte einen langen Spaziergang. Als ich so dahinstapfte, begann ich mit Gott zu reden, zuerst leise und befangen, um meinen Stolz zu wahren, aber je länger ich lief, desto gesprächiger wurde ich, bis ich schließlich merkte, daß ich schon eine ganze Weile lang laut mit Gott gesprochen hatte. Das war ein ungewöhnliches und seltenes Erlebnis, das mir eine Ahnung davon gab, wie Gebet sein könnte. Ich kehrte ins Haus und zu meinen Freunden zurück, entschlossen, ihnen nichts von meinem Gespräch mit Gott zu erzählen, denn es war zu persönlich und einzig und allein eine Angelegenheit zwischen mir und Gott.

Diese beiden vor langer Zeit gemachten Erfahrungen mit dem Gebet – die eine negativ, die andere positiv – gaben mir einen Eindruck davon, was ich für den Kern jeder Kontroverse über das Gebet halte. Hinter jeder Klage oder Frage steht die viel größere Frage: Wer hört mir zu? Mit wem rede ich, wenn ich bete?

Ich weiß, daß diese Frage nicht für jeden so wichtig erscheint. Manche argumentieren, daß das Gebet für den Beter selbst einen großen Nutzen hat, selbst wenn *keiner* zuhört. Beten hat eine bestimmte therapeutische Wirkung. Viele unserer seelischen Probleme werden gelöst, wenn wir sie aussprechen; es geschieht etwas nahezu Medizinisches, wenn wir unseren Gefühlen und Problemen ganz einfach verbal Ausdruck verleihen. Reden Sie mit einem Freund, einem Geistlichen, einem Therapeuten. Reden Sie mit Gott. Das wird ihnen eher zu seelischer Gesundheit verhelfen, als wenn Sie sich in sich zurückziehen und ihre Verwirrung oder Verletzung oder Wut verdrängen. Reden kann als ein psychologisches Stemmeisen dienen, das uns aus der Hoffnungslosigkeit heraushebt, besonders, wenn uns der Glaube bessere Aussichten verspricht. Reden kann uns eine neue Perspektive vermitteln, uns helfen, unsere Gedanken zu sortieren und uns verschiedene Möglichkeiten vor Augen zu führen, selbst, wenn wir »nur mit Gott sprechen«.

Oder das zumindest glauben.

Natürlich ist diese erdgebundene Sicht des Gebets für viele unter uns nicht ganz befriedigend. Ist das Gebet nur ein psychologischer Hokuspokus, nur eine Illusion, das nichtsdestoweniger denen, die es praktizieren, von Nutzen ist? Oder ist das Gebet etwas Echtes? Wer ist denn mein Zuhörer? Mit wem spreche ich, wenn ich bete?

Wir wollen uns nichts vormachen. Für die meisten Menschen, selbst für die unter uns, die tatsächlich beten, gibt es hin und wieder Zeiten, in denen uns das Gebet wie eine Illusion erscheint. Ich starre ins Leere und rede dann mit Gott, als redete ich mit einem Freund. Aber das Gespräch ist einseitig. Ich plappere mit diesem kosmischen Freund, der, so scheint es, gar nicht anwesend ist.

Was für ein Unterschied, wenn ich einen Bekannten auf der Straße treffe. Wir bleiben stehen und unterhalten uns miteinander. Ich sehe ihn, sehe seine Reaktion. Wenn ihn das, was ich sage, beunruhigt, sehe ich das schon an seinem Gesichtsausdruck, bevor er überhaupt zu sprechen anfängt. Wenn ich ihn mit Schmeicheleien überhäufe, errötet er. Wenn ich etwas Witziges sage, lächelt er. Wenn ich ihm etwas Trauriges mitteile, zeigt er sein Mitgefühl. Und all das, bevor er überhaupt redet.

Aber Gott redet nie. Und ich kann seine Reaktion nie mit meinen Augen einschätzen. Er windet sich nicht, wenn ich ihn langweile. Er lacht nicht, wenn ich etwas Komisches gesagt habe. Er weint nicht, wenn er meinen Kummer teilt. Wenn ich meinen Augen und Ohren traue, muß ich mich bei Gott auf ein einseitiges Gespräch beschränken – einen Monolog.

Aber soll ich meinen Augen und Ohren trauen?

Natürlich lernen wir, uns Erklärungen dafür auszudenken, warum Gott schweigt, warum alles so lang dauert und warum er unsere Bitten nicht erhört. Aber entsprechen diese Erklärungen der Wahrheit? Oder sind das nur Rationalisierungsversuche unserer Vernunft, damit wir an einem Glauben festhalten können, der schrecklicherweise womöglich doch jeglicher Grundlage entbehrt?

Wenn ich meinen begrenzten Sinnen traue, wenn ich das Gebet

nur rein menschlich sehe, erscheint die Vorstellung eines Gesprächs mit Gott absurd. Aber wenn es Gott überhaupt gibt, haben wir es ja überhaupt nicht mit etwas Menschlichem zu tun.

Mir fällt dazu eine Geschichte aus dem Alten Testament ein, die uns vor Augen führt, daß es bei Gott immer mehr gibt, als das menschliche Auge erfassen kann.

Es war Feindschaft entstanden zwischen dem König von Aram und dem Volk Israel, aber wann immer Arams König einen Angriff auf Israel plante, wurde der Prophet Elisa von Gott gewarnt und gab diese Warnung an den König von Israel weiter. Zu guter Letzt umstellten Arams Truppen Elisa in der Stadt Dotam. Elisas Diener war bestürzt:»O weh, mein Herr! Was sollen wir nun tun?«

Elisa war ganz gefaßt, als er seinen Freund mit einer Aussage beruhigte, die entgegen allem Augenschein war.»Fürchte dich nicht, denn derer sind mehr, die bei uns sind, als derer, die bei ihnen sind!«

Dann betete Elisa:»Herr, öffne ihm die Augen, daß er sehe!« Das Alte Testament berichtet, daß Gott Elisas Gebet erhörte:»Da öffnete der Herr dem Diener die Augen und er sah, und siehe, da war der Berg voll feuriger Rosse und Wagen um Elisa her« (2. Könige 6).

Ich bin sicher, daß dieser Diener der Verläßlichkeit seiner fünf Sinne hinfort mißtraute. So verläßlich sie im physikalischen Bereich sein mochten, sie reichten einfach nicht weit genug. Sie waren zu begrenzt. Wir tun gut daran, dasselbe von unseren fünf Sinnen anzunehmen. Wir sehen Gott nicht, wir hören nicht seine Stimme. Das heißt aber nicht, daß er abwesend ist oder wir nicht mit ihm kommunizieren können.

Wer ist also mein Zuhörer, wenn ich über das Sichtbare hinaussehe? Mit wem spreche ich, wenn ich bete?

Der Glaube sagt, daß mein Gesprächspartner ein persönlicher Gott ist, der mich hört und der sich um mein Anliegen kümmert. »Ohne Glauben ist's unmöglich, Gott zu gefallen«, sagt die Bibel, »denn wer zu Gott kommen will, der muß glauben, daß er ist und daß er denen, die ihn suchen, ihren Lohn gibt« (Hebräer 11, 6).

Der Glaube eröffnet uns eine Möglichkeit, Dinge zu erkennen, die nicht nur meine begrenzten fünf Sinne übersteigt, sondern ihnen in gewisser Weise sogar widerspricht. »Wir wandeln im Glauben«, sagt die Schrift, »und nicht im Schauen« (2. Korinther 5, 7). »Was kein Auge gesehen hat und kein Ohr gehört hat und in keines Menschen Herz gekommen ist, was Gott bereitet hat denen, die ihn lieben. Uns aber hat es Gott offenbart durch seinen Geist« (1. Korinther 2, 9.10).

Warum sollten wir angesichts solcher Worte überrascht sein, wenn das Gebet nicht einem nachbarlichen Plausch an der Straßenecke gleicht? Die Themen, die hier zur Sprache kommen, gehen weit über das Wetter oder die Down Jones Werte in der Wall Street hinaus. Ja, diese Gespräche mit Gott können so persönlich werden oder mystisch, daß wir nicht nur bei unserer Wortwahl an die Grenzen stoßen, sondern unsere ganze Sprache nicht ausreicht, um das auszudrücken, wozu wir uns gedrängt fühlen. Durch den Glauben tauchen wir in eine andere Wirklichkeit ein, und dort kann sogar Gottes Schweigen sehr beredt werden.

Auch in unserer Vorstellungskraft besitzen wir ein weitgehend ungenutztes Gebetsreservoir. Ich staune immer wieder über die Erfindungskraft des menschlichen Geistes, über seine Fähigkeit, Lösungen für Probleme zu erdenken. Aber wir nutzen diese Vorstellungskraft auch für eher prosaische Dinge.

Die meisten von uns können einen Katalog durchblättern oder eine Werbung anschauen und sich vorstellen, wie sie selbst dieses neue Auto fahren, sich an den neuen Möbeln freuen oder diese neue Garderobe tragen. Dank unserer Vorstellungskraft können wir all das vor unserem geistigen Auge erkennen. Diese Vorstellungskraft kann auch gefördert und genährt werden, so daß wir unserer Phantasie hemmungslos freien Lauf lassen. Die Macht der Pornographie ist ein extremes Beispiel dafür.

Dieselbe Vorstellungskraft, die von Modezeitschriften oder Pornographie genährt wird, kann auch für eine gute Sache freigesetzt werden, wenn wir ihr eine theologische Schulung zukommen lassen und sie für unser Gebetsleben nutzbar machen.

Warum sollen wir uns nicht vorstellen, daß Gott uns ganz nahe ist, neben uns herläuft und uns im Arm hält? Die Bibel beschreibt unseren liebenden Gott mit Bildern voller Symbolgehalt: als einen Felsen, einen fürsorglichen Hirten, als Brot des Lebens, als Eckstein. Wir können hier unsere ganz persönlichen Bilder hinzufügen. Wie stellt sich dieser Gott der Bibel in unserer eigenen Erfahrung dar? Stellen Sie sich das einmal bildlich vor! Was würde geschehen, wenn wir uns mit unserem Gebet zumindest ebenso ernsthaft beschäftigen würden wie mit unseren Katalogen und Werbespots? Und was, wenn wir das nicht tun? Gebet hängt so sehr davon ab, wie wir uns einbringen!

Was hält mich von einem erfüllten Gebetsleben ab? Der Unglaube natürlich, weil er mir die falsche Antwort auf die Frage gibt: Wer ist mein Zuhörer? Mit wem spreche ich, wenn ich bete?

Desinteresse oder Ablenkung sind ebenfalls Hindernisse für ein effektives Gebet, und es gibt vieles, das mich ablenkt. Leid und Not kann mich ablenken, wenn ich zu sehr mit meinem Schmerz beschäftigt bin, um mit Gott zu reden. Erfolg kann mich ablenken, wenn ich so selbstbewußt bin, daß ich keine Notwendigkeit sehe, mit Gott Verbindung aufzunehmen. Geschäftigkeit kann mich ablenken, wenn ich nicht hin und wieder innehalte, um meine Werte zu überprüfen und meine Zeit sinnvoll einzuteilen.

Wenn ich mich über Gott ärgere, empfinde ich meine gelegentlichen Gebete als hohl und beklage mich, daß sie so wirkungslos sind. Was hat mein Gebet schon erreicht? Was habe ich davon gehabt? Aber wenn das Leben mich von einer gewissenhaften und disziplinierten Gebetspraxis abgehalten hat, kann ich das gar nicht beurteilen. Wie kann ich das Potential des Gebets überhaupt richtig einschätzen, wenn ich es überhaupt noch nicht ausgeschöpft habe? Und doch, wenn der Glaube mir sagt, daß Gott mein Zuhörer ist, wie kann ich es zulassen, daß mich etwas oder jemand Geringeres als Gott vom Gebet ablenkt?

Wenn ich mir nicht die Zeit nehme, um mit Gott zu reden, oder wenn ich es aus falschen Motiven tue, wird mein Gebet kaum etwas bewirken. »Ihr ... habt nichts«, schreibt Jakobus, »weil ihr nicht bittet; ihr bittet und empfangt nichts, weil ihr in übler Absicht bittet, nämlich damit ihr's für eure Gelüste vergeuden könnt« (Jakobus 4, 2.3). Wenn es Gott ist, der mich hört, wenn ich ihn als den kenne, der er ist, werde ich die Gemeinschaft mit ihm suchen, und was ihn bewegt, wird auch mit der Zeit meine eigenen Beweggründe verwandeln.

Es gibt natürlich noch andere Probleme mit dem Gebet. Manchmal erleben wir nichts, weil unsere Perspektive so begrenzt ist; wir wissen nicht, um was wir bitten sollen. Die Schrift fordert uns immer wieder auf, nach dem Willen Gottes zu beten, aber was könnte rätselhafter sein als das? Doch die Bibel scheint anzudeuten, daß dieser Gott, der uns zuhört, unser aufrichtiges Gebet so verwandelt, daß es seinem Willen entspricht (Römer 8, 26. 27).

Wir können unsere üblichen Klagen über das Gebet vorbringen, die Probleme ordnen, sie auf passende und verlockende Schriftstellen beziehen, aber wir werden nicht viel weiterkommen, bis wir der Antwort auf die größere Frage gewiß sind: Wer hört mir zu? Mit wem rede ich, wenn ich bete?

Auf einem Flug von Orlando nach Chicago erlebte ich eine Turbulenz, die nichts mit meinem Flug zu tun hatte. Schon wochenlang hatten die geistliche Widerspenstigkeit und die seelischen Probleme eines engen Freundes auf meiner Seele gelastet, wie sie auf seiner Seele hätten lasten sollen. Doch sein geistliches Leben war von Falschheit geprägt, und seine seelischen Probleme hatte er so lange Zeit so tief in sich verborgen, daß er weder fähig noch bereit schien, sie ans Licht zu bringen und sich mit ihnen auseinanderzusetzen. Seine Kontakte mit professionellen Therapeuten hatten bis jetzt nichts bewirkt; sein Leugnungsverhalten war einfach zu stark. Während ich so in der vollbesetzten 707 saß, betete ich, aber das Gebet schien nicht real zu sein; das Gespräch war schließlich einseitig. Meine Gedanken schweiften ab, und ich fühlte mich irgendwie schuldig. Diese Sache ging mir nahe; ich glaubte, daß Gott die Angelegenheit nicht gleichgültig war; warum fiel es mir also so schwer, mich zu konzentrieren?

Ich griff nach meiner Aktentasche, zog ein blaues Heft heraus und begann, einen Brief an Gott zu schreiben. Ich war es gewöhnt, Briefe zu schreiben, Grüße auszurichten, eine Sache zu bestätigen oder meine Anteilnahme auszudrücken, auch wenn der Empfänger nicht unmittelbar darauf reagieren konnte wie bei einem Telefongespräch oder einem persönlichen Besuch. Ich schrieb über meine Gefühle: Enttäuschung, Sorge, Ohnmacht, Zorn. Ich erinnerte Gott an seine Liebe für meinen Freund und seine souveräne Macht, die Umstände zu lenken, auch unabhängig vom menschlichen Eigenwillen. Ich bat Gott, mich klug und besonnen reagieren zu lassen – meinem Freund zwar zur Seite zu stehen, mich aber nicht in die Folgen seines Fehlverhaltens einzumischen. Und dann, nach etlichen Seiten und einer Stunde Nachdenkens, gab ich auf. Ich konnte meinen Freund nicht ändern, und ich hatte keine Garantie, daß Gott die Umstände so manipulieren würde, um eine geistliche Wende und seelische Gesundheit zu erzwingen. Und doch war in mir eine ruhige Gewißheit, daß mir die Sache nun aus der Hand genommen und in fähigeren und fürsorglicheren Händen lag.

Dieses Brief-Gebet war wie ... was? Ein Vertrag? Die Eigentumsurkunde eines Problems? Vielleicht, aber viel persönlicher und freundlicher. Als ich diesen Brief an Gott verfaßte, spürte ich, wie meine Hilflosigkeit und Enttäuschung aus mir herausfloß, so wie die Tinte aus der Feder floß.

Interessanterweise gab es einen ganz bestimmten Punkt, an dem dieser Brief an Gott aufhörte, nur Informationen weiterzugeben, aufhörte zu klagen, aufhörte zu bitten und statt dessen einfach nur Gemeinschaft mit Gott war. Ich hörte auf zu schreiben und verbrachte die letzte Stunde des Flugs in stillem Nachdenken.

Was an diesem Nachmittag auf dem Flug von Florida nach Illinois in meinem Inneren geschah, war etwas Ähnliches wie auf meinem langen Morgenspaziergang mit Gott vor so vielen Jahren. Ein bestimmter Augenblick, der das Gebet verwandelte. Was ich vom Gebet erwartet hatte, war Aktion, Ergebnisse. Was ich brauchte, war die Gemeinschaft mit Gott.

Mir fällt auf, daß das intensivste Gebet oft den hoffnungslosesten, unmöglichsten Umständen, die außerhalb unserer Kontrolle liegen, entspringt, denn sie sind es, die uns unsere Unzulänglichkeit vor Augen führen, und uns über bloßes Bitten hinaus in die Gemeinschaft mit Gott führen. Jesus betete ein unmögliches Gebet, und es wurde für ihn zu einem Zugang für die vertraute Gemeinschaft mit dem Vater, zu einer Zeit, als er das bitter nötig hatte.

Er bat um einen Ausweg aus seinem bevorstehenden Leiden: »Mein Vater, ist's möglich«, so flehte er, »so gehe dieser Kelch an mir vorüber.« Diese Bitte konnte der Vater nicht erfüllen. »Doch«, fährt Jesus fort, »nicht wie ich will, sondern wie du willst!« (Matthäus 26, 39). Die Bitte endete in einer Unterordnung unter den Willen des Vaters. Doch was blieb, war die Gemeinschaft mit dem Vater, und Jesus erhielt die Kraft, die er benötigte, um dem unausweichlichen Leiden ins Auge zu sehen.

Diese Augenblicke der inneren Not und Hilflosigkeit sind ein gutes Beispiel für uns. Vielleicht müssen wir manchmal warten; der Vater versagt uns eine Bitte aus guten Gründen, die wir nicht erkennen können; wir sind vielleicht verwirrt und verzweifelt, aber nichts kann uns von seiner Liebe trennen. Weil er uns so liebt, ist er unser bereitwilliger und aufmerksamer Zuhörer, der, zu dem wir beten.

Mein Interesse am Gebet geht nun tiefer. Es beschränkt sich nicht mehr darauf, herauszufinden, wie das Gebet so funktioniert, daß sich meine Zeit und Mühe lohnt, daß ich Gott also Dinge entlocken kann. Mein Ziel ist vielmehr die Kommunikation mit Gott, und da Gott die Sprache des Schweigens spricht, sind womöglich all mein Reden, all meine Worte, all meine berechtigten Bitten nicht notwendigerweise das Ende des Gebets, sondern erst der Anfang.

Die Bibel berichtet zum Beispiel, daß Jesus oft die ganze Nacht lang betete. Haben Sie sich je gefragt, wie das vor sich ging? Wie waren diese Gespräche? Sollen wir allen Ernstes annehmen, daß sie nur aus endlosem Reden bestanden? Ich bin mir nicht so sicher.

Ich habe es in Freundschaften gesehen und in meiner Ehe erlebt: Einige der tiefsten Augenblicke der Gemeinschaft sind

Momente, in denen wir miteinander schweigen. Vielleicht ist das in unserer Beziehung zu Gott ebenso. Vielleicht beginnt eine Kommunikation auf einer noch tieferen Ebene, wenn wir aufhören zu reden. Und dort in der Stille findet dann ein Gespräch statt.

Wenn ich sehe die Himmel,
deiner Finger Werk,
den Mond und die Sterne,
die du bereitet hast:
was ist der Mensch, daß du seiner gedenkst,
und des Menschen Kind, daß du dich seiner
annimmst?
Psalm 8, 4.5

19. Stille:
Das sprechende Schweigen Gottes

»Der gegenwärtige Zustand der Welt und das ganze Leben ist krank«, sagte Kierkegaard. »Wenn ich ein Arzt wäre, und man mich um Rat fragte, würde ich antworten: ›Schafft Stille.‹«

Stille schaffen? Wie sehr bemühen sich viele von uns, der Stille zu entfliehen. Sie zu übertönen.

Bei uns gibt es ein Kloster, wohin man sich in die Stille zurückziehen kann. Manche sehen darin eine große Chance und nehmen diese Möglichkeit gern in Anspruch. Andere, so vermute ich, finden diese Vorstellung, wenn sie überhaupt einen Gedanken daran verschwenden, eher reichlich merkwürdig, als daß sie darin eine Quelle der Kraft sehen.

Ist es dagegen nicht bemerkenswert, daß das Wirken Jesu Christi aus sechs langen Wochen der Stille hervorging und daß diese seine Gewohnheit, nämlich, sich hin und wieder eine Nacht lang in die Stille zurückzuziehen, ihn durch die Anforderungen und Belastungen der nächsten drei Jahre hindurch aufrechterhielt?

Wir können seine Taufe durch Johannes als einen Wendepunkt betrachten, dieses öffentliche Ereignis, das ihn in den Strudel des öffentlichen Wirkens hineinzog. Doch unmittelbar nach seiner öffentlichen Bestätigung durch den Vater »wurde Jesus vom Geist in die Wüste geführt« (Matthäus 4, 1).

Und dort wurde er dann versucht. Matthäus schildert das folgendermaßen:»Und da er vierzig Tage und vierzig Nächte gefastet hatte, hungerte ihn. Und der Versucher trat zu ihm und sprach: Bist du Gottes Sohn, so sprich, daß diese Steine Brot werden« (4, 2.3). Und in diesem Stil geht es weiter: Drei ähnliche Versuchungen und drei kluge Antworten. »Da verließ ihn der Teufel. Und siehe, da traten Engel zu ihm und dienten ihm« (4, 11).

Markus berichtet in der gleichen Reihenfolge: Die öffentliche Anerkennung seiner Taufe und dann dies:»Und alsbald trieb ihn der Geist in die Wüste; und er war in der Wüste vierzig Tage und wurde versucht von dem Satan und war bei den wilden Tieren, und die Engel dienten ihm« (1, 12.13).

Lukas schließt seinen Bericht mit folgenden Worten:»Und als der Teufel alle Versuchungen vollendet hatte, wich er von ihm eine Zeitlang. Und Jesus kam in der Kraft des Geistes wieder nach Galiläa, und die Kunde von ihm erscholl durch alle umliegenden Orte« (4, 13.14).

Zurück zu den lärmenden Anforderungen der Öffentlichkeit.

Aber sind Sie nicht neugierig, was in diesen sechs Wochen der Stille geschah? Vierzig Tage in Einsamkeit? Wir wissen, daß sie nicht einfach waren. Er war hungrig. Er wurde vom Satan gequält. Wilde Tiere strichen in der Nacht umher. Wir können uns wohl vorstellen, daß er sich einsam fühlte, ein Vorgeschmack auf die Verlassenheit, die er später am Kreuz würde ertragen müssen; die Schrift berichtet, daß Engel ihm dienten, nicht vor, sondern nach dieser Erfahrung.

Sechs Wochen Stille.

Vierzig Tage Einsamkeit.

Wenn er nicht gerade die Angriffe Satans abwehrte, womit waren seine stillen Stunden gefüllt? Aufgrund seiner Gewohnheit, wie sie uns die Bibel überliefert, können wir annehmen, daß er betete. Kurz nach dem Bericht über die sechs Wochen in der Wüste, schreibt Markus:»Und am Morgen, noch vor Tage, stand er auf und ging hinaus. Und er ging an eine einsame Stätte und betete dort« (1, 35).

Das machte die eifrigen, wortreichen Jünger nervös, die, als sie ihn fanden, ausriefen:»Jedermann sucht dich« (1, 37).

Nicht jedermann.

Sein Vater hatte ihn bereits gefunden, und er hatte seinen Vater gefunden, in der Stille des Gebets.

Wir können getrost annehmen, daß er dasselbe auch während jener vierzig Tage in der Wüste getan hat: beten.

Wenn ich früher von Jesus und seinen Gebetsnächten las, stellte ich mir dabei ununterbrochenes Reden vor, und das war irgendwie abschreckend. Zu der Zeit konnte ich für die Missionare auf der ganzen Welt beten, bevor Sie überhaupt:»In Jesu Namen, Amen« hätten sagen können. Heute weiß ich, daß die Augenblicke des Gebets, wenn man kreativ und ganz bewußt betet, sich zu einem Gespräch ausweiten, in dem man leicht die Zeit vergißt. Doch selbst dann bin ich mir nicht so sicher, daß dieses nächtliche Gebet nur aus Reden bestand, und ich bezweifle, daß sich Jesus in jenen sechs Wochen in der Wüste heiser geredet hat. Ich glaube eher, daß er aus der Gemeinschaft mit Gott in der Stille Kraft bezog.

Ich habe Christen kennengelernt, die sich bei so mystischem Gerede von meditativem Schweigen ein wenig unwohl fühlen. Ich nehme an, sie denken dabei an Mantras, einen leeren Geist und andere Bewußtseinszustände. Das ist jedoch nicht das, was ich mir unter dem Schweigen Gottes und dem Schweigen Christi vorstelle.

Ist es nicht auffällig, daß, als Jesus vom Satan versucht wurde, seine ersten Worte die Worte Gottes waren?

Dreimal zitierte er aus dem fünften Buch Mose.

Er bestätigte,»daß der Mensch nicht lebt vom Brot allein, sondern von allem, was aus dem Mund des Herrn geht« (5. Mose 8, 3).

»Ihr sollt den Herrn, euren Gott, nicht versuchen« (6, 16).

»Du sollst den Herrn, deinen Gott, fürchten und ihm dienen« (6, 13).

Jesus zitierte die Schrift so reflexartig, weil sie es war, die seinen Geist erfüllte; und es war die Schrift und Jesu Eindruck vom Wesen und Handeln seines Vaters, die seine langen Stunden der Stille erfüllte und sie zu einer beredten Stille machte.

Aber nicht nur Jesus erlebte solche Zeiten der Gemeinschaft mit Gott und der beredten Stille. Viele Jahre zuvor hatte Gott zu Abraham gesprochen und ihn auf die Suche geschickt nach einer »Stadt, die einen festen Grund hat, deren Baumeister und Schöpfer Gott ist«. Er gehorchte Gott und »zog aus und wußte nicht, wo er hinkäme«. Gott hatte versprochen, daß von diesem einen alten Mann, »dessen Kraft schon erstorben war«, ein Volk hervorgehen würde, »so viele ... wie die Sterne am Himmel« (Hebräer 11, 8-12).

Und Abraham wartete.

Sehen Sie ihn auf seiner Wanderung, spät in der Nacht, bei der letzten Glut des Feuers in den Nachthimmel blicken, an dem Millionen Sterne funkeln? Sehen Sie diesen Mann, der es wagte nach seinem Glauben zu handeln, in der Dunkelheit – in der Stille – lächeln, weil er sich an eine Stimme und an eine Verheißung erinnert?

Jahre später saß ein Hirtenjunge, ein Nachfahre Abrahams, auf einem Berg unter denselben schweigenden Sternen und überlegte, was für ein Schicksal ihn wohl erwarten mochte. Sicher bewahrte David die Erinnerung an solche Nächte immer in seinem Herzen. Jahre später, als ihm jene Nächte wieder einfielen, wurde er überwältigt von seiner eigenen Winzigkeit und der Fürsorge seines großen Gottes.

»Herr, unser Herrscher, wie herrlich ist dein Name in allen Landen ... Wenn ich sehe die Himmel, deiner Finger Werk, den Mond und die Sterne, die du bereitet hast: was ist der Mensch, daß du seiner gedenkst, und des Menschen Kind, daß du dich seiner annimmst?« (Psalm 8, 2.4.5).

Jahrhunderte vergehen, und ein junges Mädchen erhält in der Nacht Besuch von einem Engel. Ihre Verwirrung verwandelt sich in Staunen, als sie die Worte hört: »Fürchte dich nicht, Maria, du hast Gnade bei Gott gefunden« (Lukas 1, 30). Als das Christuskind geboren ist, lauscht seine Mutter – die bei dem größten Wunder aller Zeiten gleichzeitig Zuschauerin ist und aktiv daran teilhat – den Worten Gottes aus dem Munde der Hirten. Es ist nicht erstaunlich, daß Maria in ihren stillen Stunden »alle diese Worte ... behielt, ... und sie in ihrem Herzen ... bewegte«; es ist eher verwunderlich, daß wir nicht dasselbe tun.

Während ich dies schreibe, ist es mitten in der Nacht, und das Haus ist ganz still. Ich kann mir keine bessere Stimmung vorstellen, um dieses Buch zu beschließen. Ich nehme an, daß viele Autoren, wenn sie ein wichtiges Thema haben, hoffen, daß ihr Schluß in Wahrheit ein Anfang sein wird. Ein Anfang für die Leser; aber auch ein Anfang für den Verfasser. Wir hoffen, daß unsere Worte etwas bewirken.

Und ich hoffe jetzt auch auf eine Stille, die etwas bewirkt. Eine Stille, die wir gerne schaffen. Denn wenn die Worte Gottes in unserem Herzen widerhallen, werden wir ganz gewiß merken, daß das Schweigen Gottes ein beredtes Schweigen ist, ob wir uns in den schwierigsten Umständen befinden, oder »nur« vor dem Rätsel des Alltäglichen stehen.

Ich danke ...

Harriet, meiner Frau, die jeden Schritt dieses Manuskripts mit mir durchging und hilfreiche Kommentare gab. Ich danke ihr für ihre Weisheit und ihre selbstlose Liebe.

Meinem Sohn Michael, der mir Verständnis entgegenbrachte und mich ermutigte, wenn ich mich in mein Arbeitszimmer zurückzog, um zu lesen oder am Computer zu arbeiten. Danke, Kumpel!

Meinen Freunden, die das Manuskript gelesen und mir wertvolle Anregungen gegeben haben: Joy Bauerlein, Dr. Norm Ericson, Karen Johnson, Harold Myra, Marshall Shelley, Harold Smith, Dr. Dan Sommerville, Tim Stafford und Dr. Herb Wolf.

Meinen Freunden im Zondervan Publishing House, insbesondere Scott Bolinder und Bob Hudson, die mir so viel Mut gemacht haben.

Susan Maycinik und ihren Kollegen vom *Discipleship Journal*, die mir ein Forum für viele Gedanken gegeben haben, die Sie jetzt im dritten Teil dieses Buches finden.